腘+砚
project:

|增订版|

亲爱的
老爱尔兰

DEAR OLD IRELAND
ÉIRE MO GHRÁ

邱方哲 — 著

東方出版中心

目录

Dear Old Ireland
Éire mo Ghrá

亲爱的老爱尔兰

再版序

自《亲爱的老爱尔兰》初版面世已过去六年有余。蒙编辑邀请再版，斟酌再三，觉得需要作若干修改增补才能放心交付。原因其一是世事变幻，爱尔兰已走出了2012年的经济危机，却又面临新的挑战：英国脱欧、房价高企、都市病突出；三次公投（同性婚姻、人工流产非罪化、渎神非罪化）均得以通过，然而社会整合仍未完成，很多方面仍保守陈腐。其二，也是更重要的，是我自身的变化。在爱尔兰八年，从一个混混沌沌的博士新生，经历了艰难的学识上的磨练，对爱尔兰的历史和文化有了更准确的了解，初版中的不少谬误和妄议现在看来尤为刺眼。另一方面自搬到都柏林工作以来，参与社会的程度比起原来在科克僻静的校园里深入了不少，也走过了爱尔兰的许多地区，接触过形形色色的人物，对这个国家有了更多切身的体会。如果说八年前我乐得做一个冷眼的过客，现在看待爱尔兰社会更多的是一种切身的责任感：这是我的国家，我的城市，是我孩子成长的地方。我跟这里所有人喝着同样的水，缴纳税收，投票选举，努力工作建设这个国家。我有权利，也有责任抵制不公与歧视，反对政府或利益团体的恶行，一起推动社会向更公平、透明和开放的方向发展。

初版的初衷是集结一系列浅显的历史文化随笔，初成之后还按照编辑的建议增添了一些轻松的内容。这一版中，我希望保持原有的知识性内容不变，将读者引入我对爱尔兰社会的总体视野，加进更多对时事的评论，使得各章节风格和逻辑更加一致，更加突出全书的主旨，即通过把握爱尔兰的历史而理解她的当下。当然，我并不是研究现当代爱尔兰政治的专家，能发的议论不比一般都柏林市民高明；我也必定像有些人批评的，跟中国的现实脱节，所以所作的比较估计也站不住脚，请当作一家之言姑妄听之。

再版的任何进步，离不开热忱的读者在各个网站上给出的批评建议，特别是捉虫的意见，在此我感谢初版的读者。特别感谢我的编辑彭毅文女士，八年前给予一个新作者充分的信任和耐心，八年后仍然记挂，为我争取优厚的条件再版。能够遇到这样优秀的编辑是作者的幸运。一如惯常，如有疏漏谬误，文责自负。

△ 高十字架（High Cross），约7世纪，斯莱戈郡(Co. Sligo)

初版自序

“亲爱的老爱尔兰”，在海外开枝散叶的爱尔兰后裔谈及祖先居住的那座小岛时，喜欢用这个词，带着那么几分甜蜜，一丝怀旧，些许感伤。亲爱的老爱尔兰，贫穷而富饶，喧闹的都柏林，伦斯特苍翠的山谷，连绵的棕褐泥沼，狂风呼啸的多内加尔海岸，狂欢的守灵夜，精灵出没的山楂树丛，散发着泥炭烟香的小酒馆，还有爷爷在火炉边讲故事的低矮的茅草顶房，那个回不去的地方……

有一个地方总在召唤我，她名叫亲爱的老爱尔兰
我离开故土，远渡重洋流浪他乡
每当我看见船只等候在港
总想跳上甲板，大声说：

"请带我回亲爱的老爱尔兰，哪儿都好
康尼玛拉的湖泊或者多内加尔的高山
只要我归家，不再流离在异国的海岸
收下船费，噢，带我回亲爱的老爱尔兰。"

那么多年来，我再没见过挚爱的故乡
只能回味童年的快乐情景
心中的渴望每日渐长
何时才能重返家乡？所以我要说：

"请带我回亲爱的老爱尔兰，哪儿都好
康尼玛拉的湖泊或者多内加尔的高山
只要我归家，不再流离在异国的海岸
收下船费，噢，带我回亲爱的老爱尔兰。"

民谣《请带我回亲爱的老爱尔兰》，演唱：凯文•奥康纳（1899-1997）（Cavan O'Connor, Take me back to dear old Ireland）

简简单单一声称呼，展开却是波澜壮阔的历史长卷：一切自中欧云雾缭绕的雪峰开始，漂洋过海到达欧洲极西的翠绿岛屿，繁衍生息，孕育出独特的文化，在湖光山色掩映的修道院绽放异彩；之后又历经劫难，被入侵者的浪潮推挤到贫瘠偏僻的大西洋岸边，从那里再次远渡重洋，流落异国，隔着万里波涛，惟有思念守望亲爱的故乡。逝去了的是老爱尔兰，代代相传，千年从未断绝的是传说和歌谣。直到一天，被一个异乡人听见。他也想做一位故事的歌手，把爱尔兰唱成一部绵长悠远的史诗。

我结识爱尔兰，始于20世纪九十年代昙花一现的打口碟市场。彼时，来自欧美的文化资料奇缺，尤其是音乐，从杂志电台和摇滚友人那里听说了许许多多传奇般的乐坛名字，却无缘听闻他们的作品。后来有人指点，当时还是中学生的我溜进一座商务大厦，在三楼一列了无生气的小商品柜台后面钻过一道门帘，豁然来到一片满是宝藏的新天地，不分类，任挑拣，论张甚至论斤卖。许多同时代的文艺小青年大都有相似的回忆。我的嗜好之一是挑那些没听说过的国家和乐队，尤其偏好文字看不懂的传统音乐。就这样碰到了爱尔兰的The Chieftains、La Lugh、Altan等乐队。我才首次知道有爱尔兰语这种语言，爱尔兰的音乐既幽静又欢快，居然如此动听。

然而当时CD里附的歌词对我而言完全是天书，最大的一个谜是拼写和发音完全对不上，那么多元音哪去了？无处不在的H读音是什么？我发誓要学会爱尔兰语，可是一直没有机会。直到我去到荷兰，在小书摊上发现一本二手的自学爱尔兰语教程，激动得无以复加。网络普及之前书籍和信息的稀缺，今天听来仿佛笑话；正如今天在局域网内被大量信息冲击得眼花缭乱，无暇思考自己到底要寻找什么的这种困境，当年也无法想象。

于是我踏上了不归路：从现代爱尔兰语到古爱尔兰语、威尔士语，到浩繁的中世纪凯尔特文学，到文学背后的社会、历史和信仰。我选的事业看起来可能出人意料，其实每一步都有迹可循。

可是关于爱尔兰，该说什么好呢？它是那么复杂，多年来我住在这座岛上，研究它的历史和语言，游历它的山川城镇，倾听来来往往生命的故事。我享受过它明媚的滨海夏日，也曾被它连绵的冻雨淋得透湿；我目睹过年轻、繁荣的活力都市，也曾经过许多凋零朽败的街区。愈是与爱尔兰熟识，就愈发感觉这座神奇的岛屿充满了如此多的矛盾特质，让我惊奇它们怎么可能共存。

比如说，我身边的爱尔兰人都随和亲切，街上陌生人相遇也会点头致意，互问一声好，少有种族门户的偏见；但是这分明又是一个长年被宗教派别对立撕裂的国度。在它宁静安详的绿茵乡间，人们几乎是夜不闭户，然而直到不久前有的城市还笼罩在恐怖暴力的阴影下，今日某些地方仍能看见布满弹痕和焦灼的墙壁与充满仇恨的口号。他们的宽容热情似乎仍难以治愈教派裂痕和历史记忆带来的伤痛。

又比如说，爱尔兰共和国的人口大都是虔诚的天主教徒，历史上爱尔兰曾产生许多杰出的圣徒和浩瀚的基督教文学，处处是宏伟的教堂和富庶的修道院，教会在现代社会中仍然有举足轻重的影响；然而中世纪的教士们记录的故事却常常描述基督教来临前的时代，民众的风俗和传说里也充斥着异教信仰，“凯尔特诸神”俨然成为各种新世纪信仰的领军神灵，这又是怎么回事？

还有，爱尔兰人自豪于自己的“凯尔特”血脉，却大都不会说爱尔兰语（盖尔语）；他们拥有一大批世界上最著名的作家，这些文豪用英语写作，却从盖尔人的浪漫往昔中汲取灵感并创造了爱尔兰独立的民族性。他们给人的印象是幽默散漫，天性乐观，然而他们的歌谣和文学却染着挥之不去的深沉忧伤。这个国家很年轻，独立还不过百年；但它又很古老，有比埃及金字塔还要早的大型古迹。它常被殖民者视为蛮荒，却又享有中世纪“知识之灯塔”的美誉，拥有全欧洲最丰富的民族文学。它非常保守，又因为跟海外千丝万缕的联系而格外流动和开放。它的土地肥沃平坦，气候温和，出产优良的牲畜和粮食，然而有很长一段时期人民却食不果腹，一贫如洗，仅仅一场土豆歉收就夺走了上百万人的生命……

这座不起眼的岛屿，面积只相当于重庆市大小，人口六百多万，地处欧洲的边疆，却以它强大的文化力量一次又一次地影响了整个世界。爱尔兰人为自己小小国家的丰厚文化遗产骄傲，而少有人真正意识到，在现代化的外表下，爱尔兰的悠久历史实际上从未断裂，每一处风土、每一种人情都能追溯到传奇般的历史时刻或独特的民俗传统。我跨过整个欧亚大陆来到这里倾听它悠长的歌谣，把它的前世今生细细解开讲述给中国读者听，希冀我熟悉的两种文化之间的会面能基于深厚的理解，却又充满了惊喜。这不是一本“孤星指南”式的旅行手册，也不是一堆走马观花的异国奇闻剪辑，而是萃取了爱尔兰最富历史积淀、最引人入胜的文化面貌，把它们织进同一张网络，还原爱尔兰独特的矛盾气质产生的根源。惟有掌握过去，才能通晓现在，读过这本书，当你们真正踏上爱尔兰的土地，翻开爱尔兰作家的作品，甚至只是看见关于爱尔兰的新闻，都必定会对你的所见所闻，对博大精深的爱尔兰文化和纯朴热情的爱尔兰人民有更深层次的理解。

愿你们在我的字里行间也能听见青翠田野间潺潺的雨声，看见高十字架在夕阳下的剪影，闻到威士忌醇厚的香气，爱上古老、美丽、谜一样的老爱尔兰。

爱尔兰，传说与梦幻的国度。

一

隐遁的诸神

经济繁荣的时候，看似源源不绝的金钱让人们在无论事业选择和生活习惯上都发展出一些让他们此后不得不缩紧裤腰带时后悔莫及的趣味。爱尔兰人也像全球的乐观人民一样捧热了房地产市场，大肆购买奢侈品；但是“凯尔特之虎”的年份留给爱尔兰的不仅是烂尾楼盘、蒙尘的跑车和巨额按揭欠款，还有两个别的地方不易看到的繁荣后遗症：改行的考古学学生和无处不在的文化遗产中心。

从 20 世纪 90 年代开始，依靠低税率和廉价劳动力富有起来的爱尔兰在考古项目上非常慷慨，大学和各种机构得到了丰厚赞助在全国四面开挖，那个时候到爱尔兰的中国旅客一定会有似曾相识的熟悉感——只不过这里的工地都只是向下发掘，从没有向上的建树。当被奖学金和光明前景吸引来的考古学生毕业时，金融海啸来袭，一夜之间资金断绝，爱尔兰乡间又恢复了宁静，只好纷纷转行。毕竟烂尾的考古工程比烂尾楼容易解决，大约是把土填回去就可以了事。跟着考古队来的是文化遗产中心（heritage centre），许多是由郡乡政府甚至私人投资兴建的，只要一个地方有点历史意义，哪怕只是一个国王曾经驻扎过的土包或一所修道院的残垣断瓦，就会有人建一个文化遗产中心，包括旅客中心、餐厅和展厅等，售门票卖咖啡。可惜经济好景不再，许多已经撤掉或者依靠政府拨款过活。

实话说，一哄而上虽然不理智，有钱的时候把钱花在发掘保护历史上却不失为一件好事，比挥霍在无谓的战争上好太多了。有意思的却是为什么爱尔兰人对自己土地上的遗迹如此着迷。个中的原因当然有文化自豪感，有寻根和证明民族文化源远流长的需求，但更重要的是爱尔兰人和他们的土地在精神上的结合确实不一般，而且这片土地确实有太多的故事要告诉我们。从迷雾笼罩的史前时代开始，到基督教来临之后，甚至到现代，古老的诸神和精怪还在田边林间和人们的意识深处徘徊，神圣的地貌还无言地矗立着，见证人和大地不可割裂的血缘。

◊ 白牛女神的子宫——博因河谷

要说爱尔兰有什么不可不游的景点，我一定会推荐博因河谷（Brú na Bóinne, Boyne Valley）的遗址群。从都柏林出发向北 30 公里左右，博因河有一处拐弯，围绕着肥沃青葱的田地和山坡，这里保存了一批人类文明最早的宏伟建筑，甚至要早于埃及金字塔的建立。

博因（Bóinn）这个名字就很值得一提。它的意思是“洁白的母牛”或者“如母牛般洁白”（Bó-fhind），find 来自凯尔特语的词根 *windo-，它还在欧洲大陆上留下不少痕迹，例如奥地利的维也纳（高卢语 Vindobona，“美丽的低地”）和瑞士的温迪诗 (Vindonissa) 名字都跟它有关。传说达南神族（见下文）曾有一个成员涅赫坦（Nechtan ）(这个名字和罗马海神尼普顿 Neptunus 同源) 住在这一带，他的妻子名叫博因。她因为好奇打开了丈夫汲取神秘知识的魔井。可惜好奇一般没有好下场，作为惩罚三股大水从中喷涌而出，夺去了她一条腿，一只胳膊和一只眼睛。她惊慌逃走，可是大水在她后面紧追不休，形成了博因河。这个故事出自 10 世纪的《地名传统》（*Dindshenchas*）一书，该书用诗歌和散文夹杂的方式搜集了大量和早期爱尔兰各个地方相关的传说，其中很多像博因的起源故事能追溯到非常遥远的年代，而博因本身也许就是一位女神，因为不仅红耳白牛在爱尔兰的传说中被视作神灵的牲畜群，具有某种魔力，单腿单眼单臂的女人还出现在文学里，预言着国王和英雄的毁灭（例如库呼兰之死，见“猛犬英雄”一章）。

Brú 一词意为“边缘，河岸”，因为博因河湾勾勒出平原的边缘；但另有一个同形异义词 brú“腹部，子宫”，既然博因是一位女神，后人亦将这个地名解作博因作为母亲哺育大地和人类的子宫。说到哺育万物的母亲女神，爱尔兰南部有一处圣山叫作“阿努女神的双乳”（Dá Chích Anann，Paps of Anu），是两座对称、圆润的山峰，从远古时起人们就在山顶上立起两座石塔，远看去仿佛女神的乳尖。全人类都有类似的信仰，认为大地的轮廓是由神明的身体形成的，譬如泸沽湖边的摩梭人就崇拜形似躺卧的格姆女神的圣山，三峡曾经的著名景点之一神女峰，甚至夸父逐日最后身体分化为天地万物的故事也都属于人类学和神话学所称的“身体创世”和“身体象征”范畴。有趣的是无论具体的信仰怎样变迁，一些千万年的文化心理沉淀下来，已经牢固地构成我们思考和审美的底色，不自觉地

△ 美丽的博因河谷（彭毅文供图）

引导着我们对新事物的解释。纪念名人事迹虽然是现代的，纪念的方式背后透露出的心理却和千年之前别无二致。

回到爱尔兰，博因河谷在人类文化史上之所以重要还不是因为中世纪的传奇，而是新石器时代的大型墓葬，其中最著名的是纽格莱奇（Newgrange）和诺斯（Knowth）两座巨型通道结构堆土石墓。顾名思义，这两座墓先是用巨石砌出一条通道，通道尽头有三座石室，上方用层叠的石块砌出一个拱顶，然后在整座墓上堆土，直至形成一个巨大的土丘，顶上长满青草，而土丘的边缘用雕刻各种精美花纹的石块围绕。纽格莱奇直径 76 米，高 12 米，诺斯则有一个差不多大的主墓和十七座拱绕主墓的小型卫星墓葬。

纽格莱奇约建于公元前 3000 年左右，比埃及的胡夫金字塔还早五百年，比英国的巨石阵要早一千年。诺斯则在纽格莱奇后五百年间建造，两者相距大约一公里，都坐落在俯瞰河谷的山坡上。面对这两座巨型建筑，真的很难想象在这样的偏僻海岛上居然也有能媲美我们津津乐道的苏美尔文明、埃及文明、中国文明等大陆文明的历史。公元前三千年，黄河沿岸的华夏祖先已经能制造陶器和玉器，或许正在传说中三皇五帝的治下

△ 诺斯主墓和一座卫星墓

其乐融融，但却还没有发现他们曾建造过纽格莱奇这样巨大的工程。在那样早的年代，人们是如何含辛茹苦将数十万吨重的石头从二十公里以外运来此地，又用了多少年把它们建造成墓穴，在上面堆上更重的泥土？考古学家们在墓室内发现了许多人的骨灰被收集在壁龛和石缸里，证明这是一座集体墓葬。然而他们所做的这一切不只为了埋葬先人，花费这样大的力气必定是因为这个位置有特殊的神圣意义。

进入到狭窄的墓室最深处，导游让我们安静下来，接着把灯关掉。顿时墓穴里一片漆黑，完全与外界的光亮和声响隔绝；外面飘着冷雨，这里面历经了五千年的风霜却不可思议地温暖干燥。我们在黑暗中等待着，仿佛回到了大地深处最初的子宫，宁静中听不见死者的耳语，甚至连自己的心跳声像是也被厚重的土壤和石头吸去了，时间停止了流逝，在安全舒适的永恒中却又有一丝萌动，一缕希望……是时候了！按动一个开关，一盏电灯在通道入口上面的小天窗外点亮，遵循冬至日太阳升起的轨迹慢慢抬高。起初什么都看不见，可是逐渐，一道亮光沿着通道爬行进来，像一条导火索，一点点照明了整座墓室，直至停在最远端的壁龛里；随着太阳升高，它又慢慢顺着来时的路线退出去，留给死者们长达一年的完全黑暗。这绝对是一次震撼心灵的经历，我第一次感受到光和重生的力量，第一次听见生命和着季节庄严地发声。

爱尔兰著名诗人诺拉 · 尼高纳尔（Nuala Ní Dhomhnaill）有一首小诗描述这一神奇经历：

……

一束阳光越过时空

纤细赤裸

射进昏暗的走廊

穿过门楣上

的孔洞

细若发丝的光线

在土地上蜿蜒

爬进最深处

的密室。

然后它膨胀

再膨胀，直至

金光流泻整座圣殿。

（摘自拙译《蛾子纷落的时刻》）

这就是宗教，新石器时代人类文明的里程碑式飞跃。人类开始倾听世界，接触那些超出自身的事物。纽格莱奇和诺斯都经过精心设计，保证一年只有冬至那一天的晨光能穿透一年的沉默到达逝者居住的墓室，像一只温暖的手臂伸向亡灵，然后退出。冬至是一年里黑夜最长白昼最短的一天，过了冬至，白昼就会重占上风，黑夜退却，太阳获得了新生，人们或许希望这一天的阳光从绝对黑暗中把上一年的亡灵带走，赋予他们新生。五千年前建筑两座墓葬的人们掌握天文学的程度让人惊讶，围绕诺斯的石块上有些刻着不规则的曲线，据考证很可能就是他们的年历，对应着月份天数的多少和闰年。

△“年历”，诺斯（彭毅文供图）

其余的石块大多饰以漩涡纹的装饰图案，其中或者也包含着信仰的寓意，可是我们已经无法得知。最著名的一块是纽格莱奇最深处墓室里的石头，背后的三臂螺旋纹（tri-spiral design）在入口处的巨石上也有。同心圆的纹路生生不息，仿佛河流水波里的漩涡，又像是象征着日月运行和季节变化循环往复，甚至还有点和太极两仪图案相通的韵味。新石器时代的爱尔兰居民并不讲凯尔特语言，而这种图案在沉寂了一千年后又出现在铁器时代文化的纹饰上，甚至进入了凯尔经的字母装饰，成为现在“凯尔特”艺术的代表，是否说明在征服带来的文化断层表面下，隐藏着一股延续不断的暗流？

△ 纽格莱奇入口的巨石图案（对比凯尔经的图案）

▽ 凯尔经局部

◊ 仙丘历险

丰饶的博因河谷滋养了爱尔兰最早的大型文明，然而在纽格莱奇建造一千多年之后，人们不知出于什么原因逐渐废弃了这些古墓，慢慢地它们沉没地下，被青草和土壤掩埋，直至看起来不过是几座突兀的山丘。一波波后来的定居者也选中了博因河谷休养生息，但是知道古墓秘密的原住民此时可能已经死绝或同化于征服者，在此后漫长的数千年里一直到 20 世纪初，没有人意识到青翠的山丘地下居然埋藏着令人叹为观止的史前遗迹。

但这个地方必定有什么不一般的气氛，甚至有不可思议的奇怪事情出现，以至于爱尔兰人中间一直流传着仙丘（Sídh）的故事。仙丘遍布爱尔兰，但多数跟史前时代的巨石遗址或墓葬有关，爱尔兰人虽不知道它们最初的用途，却对这些地方敬畏有加。他们认为这些仙丘是隐遁的诸神和精怪居住之处，每到萨文节（Samhain，11 月 1 日）前的夜晚（10 月 31 日夜晚），人间和彼岸世界的界限会打开，神灵和精怪会四处游荡，这一夜外出的人们可能会误闯入彼岸世界。萨文节是一年里最重要的四个节气之一，标志着露天放牧的结束和冬季的开始。关于萨文前夜精怪游荡的信仰和基督教纪念死者的万灵节（All Souls' Day）传统结合，当然再加上流行文化的包装，催生了现代孩子们装扮鬼怪讨要糖果的万圣节（Halloween）。有关萨文前夜的故事数不胜数：国王们经常在这一夜邂逅让他们魂牵梦绕的女郎；孤身旅行者会遇到不可思议的幻景；命运的沉重预言在这时显现；小伙子误入仙丘，跟美丽的仙女过上了幸福生活，一年以后因为思乡在萨文前夜出来看看，发现“洞中方一日，世上已千年”，等等。

仙丘的最大特征是无时间性，像一部时光机在现实时间的各个点间自由穿越，例如《涅拿历险记》（*Echtrae Nerai*）里的主人公由一具尸体指点通过挑战进入仙丘，目睹过未来事件之后两次回到现实中他出发之前的同一个时间点，发现国王还带着武士们在烤同一头猪。涅拿警告他们危险即将来临，帮助自己的部落加紧备战，取得了胜利，其复杂精巧绝不亚于现代的科幻小说。仙丘的居民，古爱尔兰语称为 áes síde（仙族），美丽优雅，丰衣足食，永远不会衰老。威尔士传说里的国度安努汶（Annwfn，意为“极深处”或“彼岸世界”）也有类似性质，兴许是脱胎于凯尔特人的共同信仰。深受威尔士文学熏陶的托尔金在创作《指环王》、塑造精灵族的时候，根据的就是爱尔兰和威尔士传统中仙族的形象。

最出名、拥有最多故事的仙丘是博因河谷的这些史前遗址。传说它们是古老诸神的住地。在爱尔兰中世纪学者的笔下，爱尔兰人的祖先从特洛伊和西班牙辗转渡海而来，战胜了在他们之前占据爱尔兰的达南神族，但为了取得达南的医药、农业和魔法知识，达成协议将爱尔兰分割为两半，一半地上，一半地下，达南神族从此退隐地下，不被时间所束缚，过着永恒的生活。中世纪文人们是按照《圣经》指定的从亚当、夏娃开始的人类历史，而不是从诸神开天辟地的神话角度出发，模仿罗马史家文笔撰写的“移民史”，我们从中可以发现极其丰富的文化层次，本土学问、民俗、罗马古典和基督教传统交织在一起。上面说过的民间关于仙丘的信仰为这一“历史”贡献了隐居无时间的仙丘地下这一母题，我们不妨转向爱尔兰传统的另外一个重要部分：扑朔迷离的达南神族。

◊ 达南神族

在浩如烟海的中世纪爱尔兰文学中有这么一组故事，它们共同的主角有时被称为神明，拥有超自然力量，生活在遥远的过去，开拓了爱尔兰的种种地貌，建立了最初的族群格局和社会秩序。由于这些特征跟通常对“神话”的定义相似，这组故事被称为“神话故事群”（The Mythological Cycle）。这些主角后世统称为达南神族（Túatha Dé Danann, tribes of the gods of Danu）。

达南神族的成员们名字来自古老的异教诸神，我们知道这一点，因为欧洲大陆上的高卢人和其他族群在公元前就已经将他们之中不少的前身当作神 来崇拜祭祀。“银臂”努阿杜（Nuadu Airgetlám）的名字其实就是罗马时代不列颠岛上崇拜的神明诺登斯（Nodens），今天英国格罗斯特郡还有一座奉献给诺登斯的庙宇遗址；他在威尔士传说中是“银臂”尼斯（Nudd Llaw Eraint）。诺登斯主宰大海、狩猎和治疗，而努阿杜得名“银臂”则是因为他作为国王在对抗更早的原住民福尔博族（Fir Bolg，可能意为“带着口袋的人”？）的时候负伤失去了一条手臂。按照爱尔兰法律，身体有缺陷的人是不能担任国王的，他只好让贤，并让医神迪安·凯特（Dian Cécht）为他打造了一只银手臂接上，这银手臂像血肉之躯一样能活动。努阿杜的银臂显然是《哈利·波特与火焰杯》里伏地魔获得肉身后，赏赐虫尾巴银手这一情节的灵感来源。阿尔马赫郡出土的神秘史前雕像“坦德里吉偶像”（Tandragee Idol）戴着铁器时代的圆锥形帽子，咧嘴微笑，憨态可掬，右手握着左臂，或许就是努阿杜的形象。

神族的另一名得力干将是达格达（Dagda），字面意思是“好神”，他有一根一挥能击倒九人的大棒；一口大鼎，只要把战斗中被杀死的武士放进去，他们就能复活，是神族击败福尔博族的秘诀之一；还有两头猪，晚上杀掉后把猪皮跟骨头放在一起，第二天早上它们又会复活。这些特征和北欧神话里的雷神索尔（Thor）非常相似，索尔有两头山羊，吃掉之后只要用他的雷公锤一敲它们的骨头和皮，山羊就完好如初。但爱尔兰自己的雷神（Tuirenn）名字跟 Thor 以及英语的 Thunder 同出一源，在欧洲大陆上的高卢人那里他叫作 Taranis，威尔士语至今仍然把雷叫作 Taran。爱尔兰神话里的雷神可没有北欧雷神那么威风八面，而是一个悲剧角色。另一位神卢赫的父亲为了躲避仇家追杀，变身为一头猪混迹在猪群里，却被雷神的三个儿子谋杀。卢赫为了复仇，派遣这三个儿子去执行一系列危险任务，答允如果他们能完成就宽恕他们。三人历经艰险，负伤累累，取回来一张能疗伤的魔法猪皮，卢赫却不允许他们用猪皮治愈自己，结果这三个儿子最后伤重而死，雷神每天在他们的坟头上哭泣。

卢赫（Lug，意为“明亮”）在第二次图雷原野之战（Cath Maige Tuired）前首次出场，但与他同名的神　（Lugus）在欧洲大陆可谓大名鼎鼎，许多城镇都以他命名，包括法国的

△ 坦德里吉偶像，阿尔马赫郡圣帕特里克大教堂（新教）藏

里昂（Lyon）以及荷兰的莱顿（Leiden）名字都来自高卢语Lugudunom，“卢赫之堡”。他是一位多才多艺的神，当努阿杜手臂受伤，佛摩尔（Fomoiri）族父亲和神族母亲所生的暴君布雷斯（Brcs）统治了神族，串通他的父方亲戚压迫神族之际，他来到营寨应征，守卫问他说：“你会什么技艺？”他答：“我是一个好木匠。”守卫摇头说：“木匠我们已经有了。”他又说：“我还会铸造武器。”守卫又摇头：“铁匠我们也有了。”卢赫又列举了他精通的各种技艺，守卫都说不缺人手。于是最后卢赫反问：“那你们之中有哪一个像我一样精通所有这些手艺？”大家如梦初醒，欢呼着接受了卢赫。不久卢赫便因为过人的才能当上国王，带领神族一举击溃敌人，卢赫本人像圣经中的年轻大卫一样投掷弹弓击中了对方首领——独眼巨人巴罗尔（Balor）的杀人邪眼，奠定了胜利。爱尔兰传统上四大节气之一卢纳萨（Lughnasadh）节（8月1日，庆祝夏末收成）传说由卢赫所创，也以他来命名，纪念卢赫的母亲砍伐树木清理出一片平原供人们种植粮食的功绩。

此外还有之前提到的掌管泉水的涅赫坦，据称发明了欧甘字母的奥格马（Ogma）（他作为高卢人主管言语的神 名字是Ogmios），赋予多瑙河（Danube）名字的女神达奴（Danu），海洋之神父子李尔（Lir）和马南南（Manannán）（相当于威尔士故事里的 Llŷr 和 Manawydan，Lir 是莎士比亚笔下李尔王名字的来源）……毫无疑问，这些人物都起源于古老的凯尔特万神殿。

但这并不意味着关于达南神族的故事都是货真价实的古代异教神话。从现存最早的达南神话，即大约写于 9 世纪末的《第二次图雷原野之战》（*Cath Maige Tuired*）开始，修道院里培养出来的文人们都只是把他们当作古代的爱尔兰居民来写的；他们也不被看作是来自时间深处的原始神明，而是从迫害摩西的埃及法老那里逃走的一群可以在基督教历史里找到位置的流浪者。不过基督教的教条并没有完全抹灭他们的存在和事迹，我想，除了爱尔兰传教历史原因决定的包容性之外，听众的喜好和文学本身的魅力也是很重要的吧。正如很多现代人都喜欢在奇幻小说和电影里驰骋想象，中世纪的听众们多数是只知道打打杀杀的贵族武士，更应该乐于听那些充满了魔法、怪物和异国情调的战争故事。还有什么比起死复生的魔鼎、随意变形的术士、放射死光的独眼和轻佻浪荡的女郎更能吊起这些武士的胃口呢？自然，有些虔诚至极的僧侣会一边抄这些故事，一边对里面描绘的魔法大皱眉头，因为除了上帝和圣人的神迹，超自然现象都是撒旦引诱人们堕落的诡计，更不用说那些诸如达格达（Dagda）施计把丈夫引开并诱奸他人妻子这样的邪恶情节了。不过如果领主们喜欢听这些故事，他们除了在书边上加注说“这些是古代异教的故事，我抄下这些东西纯粹出于学术兴趣，不代表本人信仰立场，仅供内部参考批判”这一类话之外，还能做什么呢？乔叟的《坎特伯雷故事》和薄伽丘《十日谈》都有不少人们爱听却信仰或道德上不正确的情节，我们便称之为文艺复兴，人性对神性的觉醒，殊不知在爱尔兰，人性从来就没有睡着过。

◊ 异教女神的华丽转身

不过僧侣们对达南神族的改造也有得意之作，我们不能不提一位摇身一变为主保圣人的异教女神，布里吉特（Brigit，现代爱尔兰语Bríd）。在达南神族里布里吉特是达格达的女儿，或者暴君布雷斯的王后，有时候是一个人，有时候三姐妹都叫布里吉特，不同的故事间有很大出入。所以布里吉特最初可能只是一个形容词，我们得再次出入历史和文学描述之间去寻找答案。

有关布里吉特前世的材料非常丰富。她的前身布里甘特（Brigantes）作为部族的名字早已出现在公元2世纪希腊学者托勒密的世界地图上。根据托勒密的记载，名为布里甘特的部落遍布西欧，最主要坐落在不列颠北部现在约克郡和哈德良长城一带以及爱尔兰的东南角。哈德良长城是罗马时代文明的不列颠和野蛮的本地部落的分界线，类似于美剧《权力的游戏》之中那道抵御北方野人入侵的高墙，在那附近出土了很多献给部落女神布里甘提雅（Brigantia）的祭品。爱尔兰的东南部即现在的伦斯特省（Leinster），布里吉特死后就是作为伦斯特的保护圣人被崇拜的。布里甘特部落联盟经常由勇猛善战的女王统治，曾经出过塔西佗笔下记载的女王卡尔缇曼度阿（Cartimandua），它的保护者布里甘提雅女神也同时象征着王权，威尔士语“国王”（Breenhin）一词就源自这一词根。

布里甘提雅女神的节日是二月一日，即另一个爱尔兰传统上四大节气之一的圣布里吉特节（Imbolc），标志着母羊产羔和母牛产奶季节的开始。人们向她祈祷畜群丰产，处女们守护她神庙里的长明圣火，她保佑诗人、手艺人和医生。所有这些信仰都平滑地过渡到圣布里吉特身上：现在二月一日是爱尔兰的圣布里吉特节，人们依然向她祈求畜群平安多产，到 12 世纪威尔士人杰拉德游历爱尔兰的时候，基达尔修道院里纪念圣布里吉特的祭坛还燃着不灭的圣火，由二十位修女看护，男人不许接近，直至 1220 年英格兰任命的都柏林大主教下令将它扑灭。

爱尔兰这三大主保圣人身世各具特色：圣帕特里克开创基业，可惜始终是外国人；圣克伦基尔出身王族旁支，一生和政治纠缠不清；而圣布里吉特，唯一的女性，干脆就是成功转型的异教女神。圣女布里吉特的传说开始于 7 世纪，位于伦斯特北部的基达尔（Cill Dara，“橡树堂”）修道院势力开始增强，为了跟北部圣帕特里克门派的大本营阿尔马赫相抗衡，就利用本地异教时代遗留的记忆加以改造，创造了圣布里吉特的形象。历史上可能的确有一位叫作布里吉特的修女协助建立了基达尔修道院，但是后世圣布里吉特的事迹和信仰很难跟同名的异教女神分开。据说她生活在 5 世纪，是异教父亲和基督徒奴隶母亲所生。父亲不想要她，就把她扔给一位祭司（Druid）抚养；那个艰苦的年代家里可不能养闲人，她从小就成为祭司家里的挤奶女工，但是作为天生具有神圣洁癖的小女孩，她拒绝吃异教祭司给她的食物，大有伯夷叔齐不食周粟的气概，只喝一头纯白母牛产的牛奶过活。祭司在这篇圣徒生平里形象出奇地好，不仅大发善心收留了基督徒布里吉特母女，还允许布里吉特坚持自己的信仰。等小布里吉特长大成一位美貌女子，已经因为不时行神迹治好病人而小有名气，家人要把她许配出去，她却坚决不从，声称修女生活才是她的唯一追求。为了逃避婚姻，布里吉特当众自毁容貌，抠出一只眼睛，扔在地上，然后上面插上一根手杖，顿时一股清泉从地面涌出。

眼睛变泉水这一主题无疑根植于非常古老的神话。熟悉北欧神话的读者肯定会马上想起奥丁跟密弥尔之井的故事：巨人密弥尔在世界之树的根部看管着一口井，谁喝了井水就能得到一切隐藏的智慧和知识。主神奥丁想喝井水，可是密弥尔坚持要他用一只眼睛来交换，奥丁只好挖出眼睛，从此成为聪明的独眼龙。在爱尔兰还有我们上面讲过的关于博因河由来的故事，博因女神因为打开了丈夫储藏秘密知识的井，失去了一只眼睛。这口井叫作色格斯（Segais），据说井旁有一棵榛树，树根扎在大地的最深处，树上落下的榛子被井里的鲑鱼吃掉，而谁吃了这些鲑鱼就能获得全部的知识，但凡夫俗子找不到这口井，即使他找到了，只要往井里看一眼，眼珠就会爆裂。后来的传奇故事里库瓦尔之子芬（Finn mac Cumhail）小时候帮一位女巫用这口井里捕上来的鲑鱼熬汤，不小心把拇指烫了一下，赶紧放进嘴里吸吮，无意之中得到了预言的能力。所有这些故事互相交织成一体，告诉我们古代欧洲人中流传着用眼睛交换井水或泉水中蕴含的神秘知识

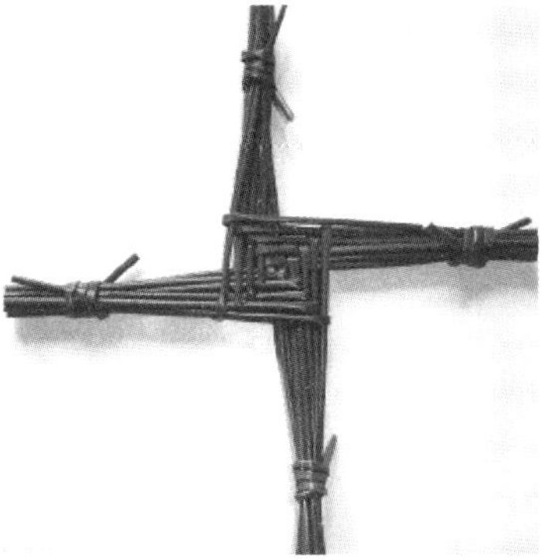

△　布里吉特十字

的神话母题。布里吉特的生平虽然中心思想是她献身上帝意志之坚决，仍然明显地属于这一母题的变体，再加上布里吉特跟井水的关系非常紧密，全爱尔兰有好几处据说有治病功效的圣布里吉特之井，更让人揣测圣布里吉特的生平不过是杂糅了圣徒神迹和异教传说的文学作品。

不管怎样，建立基达尔修道院的圣女布里吉特填补了本地信仰中慈爱的母性角色的缺位，她被视作爱尔兰人的圣母（Mary of the Gaels）而备受推崇。每年的二月一日，在爱尔兰，甚至不少美国爱尔兰后裔的女孩子们都会用灯芯草或麦秆编一个“布里吉特十字”（Brigid’s Cross），替换前一年的旧十字挂在厨房门楣上，据说可以防止火灾和邪灵。虽说名义上是基督教的十字架，布里吉特十字事实上四边等长，而且上下左右都不在一条直线上，更像一个卐字，极有可能是异教时代流传下来的风俗。少女们还会把布里吉特十字压在枕头底下，希望在梦里会见到未来丈夫的模样，依稀有古代布里吉特女神保佑下的诗人头枕牛皮做梦祈求预言仪式的影子。

记得电影《尼伯龙人之歌》的片尾，君特王遥望载着屠龙英雄远去的火葬船对妹妹克里姆希尔德说：“今天，古老的诸神复活了。”克里姆希尔德却平静地回答：“不，古老的诸神今天与他们一起逝去了。”

诸神的传奇再如何惊心动魄，他们总是要等来黄昏的。在把他们看作上古英雄的中世纪文学里，他们也最终不敌时间的伟力。11 世纪左右成书的《征服书纪》（*Lebor Gabála*）中写道，从西班牙渡海而来的米利都人的子孙们（Milesians，被视为爱尔兰人的祖先）战胜了达南神族，与他们达成条约，从此达南神族便隐遁地下，在仙丘里过着没有时间流逝的生活。爱尔兰的大地上只有关于他们辉煌过去的记忆和口耳相传的奇异事件还证明他们曾经存在过。

◊ 国王之心：塔拉

都柏林出发的大巴一日游有多条路线，有去伦斯特的修道院、日式花园和森林的，有去凯里郡的基拉尼湖区（Killarney），有去戈尔韦和康尼马拉（Conamara）的，却少有人知道或者参加一条去塔拉山 (Teamhair, the Hill of Tara) 的线路。

这倒也不能怪从世界各地来都柏林的游客们。塔拉虽然在爱尔兰的历史和文学上占有极其重要的地位，几乎是每两篇故事就有一篇提到它，国王们也为了“塔拉之王”的尊贵头衔血战不休，但到现代它已经荒废为一片牧场，游客们不仅要在羊粪遍地的草地上漫步，更重要的是如果你来之前根本不知道塔拉悠久历史的故事的话，几乎是什么都看不到——一座绿草覆盖的小山坡，几道沟壑，几块石头，几群绵羊——来这么个地方简直就是诳钱嘛。不少没兴致细细看文化遗产中心介绍的游客因此就百无聊赖地在山坡上追逐逃窜的绵羊为乐，尤其是爱拍照的亚洲人，人手一台高级相机，却空有一身武艺无处施展。爱尔兰确实不是个拍照的好地方，这里环境极其优美，连空气都是甜丝丝的，可以说处处都是景色，也可以说根本没有什么景。不少游客总有“景点”思维，下车就直奔一个目标，对着宏伟建筑或奇风异俗长枪短炮狂拍一通。五千年来，爱尔兰的历史传统总是深深地根植于她的地貌景色，不断锻造着人们的思维和气质，甚少雄伟壮丽，但总是内涵丰厚，盘根错节。她的景观不是一个个显而易见的点，而是三维的整体，游人必得要边看，边读，边想，才能领会她的魅力。

塔拉就是这么一位斯芬克斯，既有真切的过去，又有文化的意义，还有充满矛盾的现实，我从哪里说起好呢？

先说真实的历史吧。塔拉山丘上的遗迹并非来自同一年代，最早的是一座新石器时代的小型通道石墓，大约建于公元前3400年，跟纽格莱奇的思维近似，它的通道是朝着特定日子太阳升起的方向开的，每年两次阳光能直射进内室。这两个日子分别是——上文所说跟达南神族有关的节日圣布里吉特节和卢纳萨节（2月1日和8月1日）！爱尔兰的传统到底能追溯到多遥远的过去？

接下来有几处环形场地，用挖出的沟渠围绕，主要建于铁器时代。一处四边形的围场传说里叫作“宴会厅”，实际上可能是座仪式场所，它选址明显有问题，就在山坡地边上，结果因为滑坡的缘故塌了半边，传说里则归功于6世纪僧侣圣茹阿丹（St.Rúadán）对坚持异教的国王科尔瓦

△ 命运之石，塔拉，米斯郡

尔之子哲尔默德（Díarmait mac Cerbaill）发出诅咒的结果。山顶上最显眼的莫过于一块圆柱形的立石，叫作命运之石（Lia Fáil）。

石头的年代最不好确定，现在也没有定论。据说原来山顶上一共有四块竖立的石头，其中两块已经被移到山下小教堂旁边了。命运之石现在站的也不是它原来的地方，1798 年 5 月 26 日，起义反抗英国统治的“联合爱尔兰人”（United Irishmen）军队在这里被英军击败，之后人们便把石头移到山坡中心，以纪念起义中牺牲的四百名爱尔兰勇士。那为什么叫命运之石呢？还是要回到传说里去。

据说，古代的爱尔兰有一位最高国王，统领其他所有的大小国王，选任最高国王的仪式中包括让候选人登上一辆战车，驶过命运之石，如果他是真命天子，命运之石就会在轮子底下发出尖叫声。由这些最早的记载看来，命运之石根本不是现在这根立柱，而是一块平躺的石板，国王的车压过，或者他本人踩上去会发出叫声，方圆十里都能听见。这块石板是否真实存在，现在又在哪里，已经无迹可寻，然而逐渐地，把塔拉山上这根石柱看作命运之石的传统流行了起来，笔下的故事也就相应地作出了改变。10 世纪以后的传说中，国王

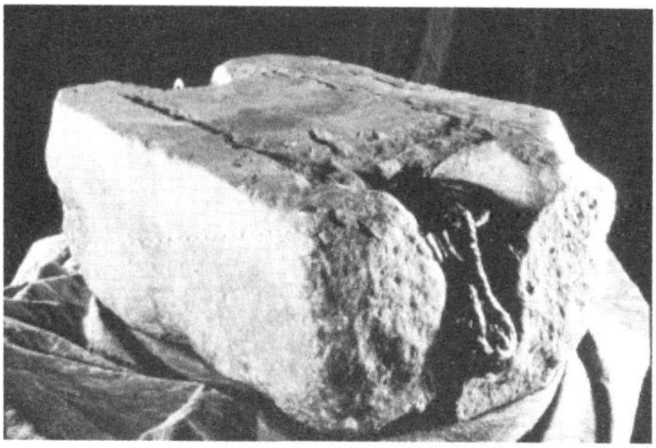

△　斯昆石（现藏苏格兰爱丁堡城堡）

的战车是用轮轴摩擦命运之石让它发出叫声，技术上似乎已经不难实现，再后来，干脆说真命天子只需要抚摸这块石头它就能发声。

无独有偶，在古代苏格兰也有这么一块和王权密切相关的“命运之石”。苏格兰的“斯昆石”（Stone of Scone）据称是由爱尔兰殖民苏格兰西海岸阿盖尔（Argyll）岛的国王带来的，它是一块长方体的砂岩，两端安上了铁把手以便搬运，上面基本没有装饰。不过地质学家告诉我们这种质地的石材只产在苏格兰斯昆附近，所以不可能是从爱尔兰运来的，但王权与神圣石头相关的信仰说不定真的是随着爱尔兰移民迁到了苏格兰，反正数百年来，它一直被用在苏格兰国王的加冕仪式上，新国王要坐在斯昆石上宣誓，平时则存放在斯昆修道院里。英王爱德华一世1296年入侵苏格兰，凯旋时顺便把斯昆石掳去当作战利品。被征服者的信仰往往会渗透征服者，爱德华一世也不例外，他回到伦敦，把石头塞在自己王座的底下，以向苏格兰人宣示自己掌握着苏格兰的最高权力。爱德华的王座摆放在威斯敏斯特教堂里，也就是历任英国国王加冕、婚礼和葬礼的教堂，在苏格兰人看来，这简直是奇耻大辱，一个异族国王像苏格兰王一样坐在斯昆石上耀武扬威。国耻甚至在苏格兰和英格兰合并两个半世纪之后仍没有被忘记。1950年圣诞节，几个苏格兰学生悄悄潜入威斯敏斯特教堂，偷走了斯昆石，藏在汽车后尾箱一路辗转，躲开警察的搜捕回到了苏格兰。随着事情迅速曝光，这几个学生被视为苏格兰的民族英雄，可惜的是，当他们把石头托付给苏格兰教会后，由于疏于看管，伦敦警方又把石头抢了回去。这其中自然少不了各种传闻，说学生早就把石头掉包了，甚至说爱德华当年夺走的就已经不是真正的斯昆石，等等。英国女王显示出她的宽宏大量，这几个学生虽然被起诉，却从未被拘禁或定罪。最终在1996年，女王同意把斯昆石归还苏格兰，和从前苏格兰国王的王冠、权杖等物一起在爱丁堡城堡展出，只等下次英王加冕时再借用到威斯敏斯特教堂。

◊ 谁睡了我的女神？

塔拉的命运之石虽然身世不如斯昆石那么颠沛流离，其含义却更加迷雾重重。在当地民间，这块石头并不叫作命运之石，而是“弗格斯的阳具”（Bod Fhearghusa）！这个名字是否更接近它的原本用途呢？Bod 这个词虽然俗俚，可是大有来头。它来自原始印欧语的词根 *bhudh-“察觉、反应”，同一词根衍生出了梵语 buddhas（觉悟者，佛），可谓色即是空，空即是色也。鉴于最初挑选国王的命运之石理应是块石板而非立柱，现在这根又有阳具之形，很有可能它立在塔拉山顶的确是古代生殖崇拜的一部分，只不过后来以讹传讹把它跟命运之石混淆了。也许它只是用来祈求土地的丰产，最终还是与王权有关。

中世纪爱尔兰文学中，获得王权的过程经常表现为神圣婚姻仪式。历代国王们登基前会遇到一位神秘的女性，从她那里接受美酒或其他饮品之后，和她结合便拥有了王权。史诗《劫掠库林之牛》（*Táin Bó Cúailgne*）里著名的媚芙王后（Medb）其名字意思为“使人迷醉”，传说里的许多王后名字其实都是地名，譬如说《征服书纪》里，达南神族登陆爱尔兰时就遇到了三位女神爱琉（Ériu）、班娃（Banba）和佛得拉（Fótla），三个都是爱尔兰岛的名字，她们与达南神族的首领结合，寓意着神族获得爱尔兰的统治权。甚至有的王后连续嫁给前后多任国王，明显不是真实的人物而是象征性的“主权女神”，代表着国王统治的疆土，因此获得王权也就是与疆土结婚。例如一个故事是这样说的：

尼尔（Níall）和几个兄弟是国王的儿子，其中只有尼尔是庶出，因此受兄弟们处处排挤。一天他们出外打猎，竟然在森林里走失了。他们只好就地过夜，燃起了篝火，派一个兄弟去找水。这个兄弟找呀找，最后看到一口井，井旁有个老妪守着。这个老妪长得很吓人：皮肤像煤一样黑，头发像马鬃根根直立，绿色的牙齿长在裂到耳根的血盆大口里，鼻孔大张，形容枯槁，总之十分丑恶。老妪说要取水可以，得先亲她。该兄弟可想而知都快吐出来了，发誓说宁死不从，结果两手空空地回到营地。又去了三个兄弟，结果都一样，只有布里恩忍住厌恶迅速地蹭了她脸颊一下。这时候女奴母亲所生的尼尔出马了，他爽快地亲吻了老妪，忽然间，老妪变成了他所见过的最漂亮的姑娘，含情脉脉地看着他，告诉他自己就是爱尔兰的王权，因为这个吻他赢得了世代为王的权力，而他的兄长布里恩迅速地碰了她一下，也就预示着布里恩自己能短暂地拥有王权。姑娘说：“我先前之所以是那个样子，因为这就是王权，总要通过恐怖和丑恶的战斗赢来，享受的时候就无比美好。”尼尔当晚就跟姑娘同床共枕，如她所言，他成为中世纪早期最有势力的奥尼尔王朝的开创者。

故事不长，但是如我们先前解读的所有爱尔兰文化结晶一样，它的层次极其复杂。首先这是一个为奥尼尔王朝歌功颂德的故事，创作的用意就是捧高祖先尼尔，确认他的正统性；其次，作者用了通行于爱尔兰的信仰，即国王的合法性来自他和主权女神的肉体结合；为了故事的可读性又糅合了欧洲民间故事的常见母题：被伪装的王子/公主（可类比《青蛙王子》），以及几兄弟尝试同一件事，却只有最小最卑微的一个获得成功；充实母题的形象取材于爱尔兰本土的丑陋老妪，这样一位老妪在其他故事里通常具有预言能力（莎士比亚《麦克白》开场的三个巫婆即脱胎于苏格兰类似的传说），来自人间以外的世界，她守护的井水不仅提示了主权女神奉上饮料的仪式，还呼应着上文介绍过的井水和智慧/权力之间的联系；而最后女神关于王权先苦后甘的评论，应该是基督教背景的作者用解经手法尽力把异教信仰淡化成寓言譬喻。这里面既有政治宣传、

△ 杰拉尔德《爱尔兰地理志》插图

异教信仰，又有民间故事和基督教经学的影子，可谓字里行间，别有天地。

登基仪式还有各种各样的变体。威尔士的杰拉尔德（Gerald of Wales）是一位出身于诺曼 - 威尔士贵族家系的学者，他于 12 世纪来到爱尔兰周游，回去写了一本游记《爱尔兰地理志》（*Topographia Hibernica*），记录在爱尔兰的所见所闻。那时候，来自英格兰的诺曼入侵方兴未艾，杰拉尔德不免带着帝国的优越感来看待被征服的爱尔兰"野蛮原始人"。他的记载混杂了道听途说和亲身经历，既不乏真正有价值的社会风貌，也不缺中世纪游记里常见的志怪奇闻，他说："在爱尔兰的西北角落有一个部落，他们加冕国王的方式实在野蛮和恶心之极。当人民都被召集在一起，有人牵来一头白色母马，他们选出来的人——我不称他为王，至多是一群法外之徒的头目——通过和那母马行苟且之事，承认自己也是一头野兽。然后那马被杀掉，砍成肉块，放进一口大锅里熬汤，之后他就在那汤里沐浴吃马肉，并且跟周围的人民分享；他还要喝那汤，不许用器具也不许用手捧，就这么低头喝。当这些仪式完成，他的王权和威信就被确立了。"

杰拉尔德承认这是他听来的，且由于缺乏旁证，我们不知道真相到底如何，有几分是事实，几分是夸张。很难想象在12世纪的爱尔兰还保留着这样明显异教的风俗，但如果真有其事，我们可以猜想国王与之交配的母马可能是女神的另一个化身。神奇的是，印度吠陀史诗中记载的马祀仪式（aśvamedha）与之惊人地相似，在该仪式上，一匹公马被献作牺牲，王后要与马做模拟的交配动作，最后马肉要被烤熟食用，以祈求王国风调雨顺或战争得胜，有可能和杰拉尔德听说的仪式共同起源于类似的古老信仰。

杰拉尔德的书风靡一时，他描绘的那些奇异风俗为诺曼贵族的侵略提供了极好的“文明使命”借口。此后的几百年内，英国入侵者都在致力于消灭本土胆敢和英王分庭抗礼的首领，军事上征服他们，经济上剥夺他们，文化上则铲除象征着王权的事物，并美其名曰“倡导先进文化”。正如他们抢走了苏格兰的斯昆石，英军也在17世纪初起义未遂的盖尔首领休·奥尼尔（Aodh Mór Ó Néill）逃亡海外之后砸碎了奥尼尔家族世代加冕使用的石板，据说第一代国王的脚印在上面踩出了一个坑。英国人还砍倒了许多圣树（Bile），对于爱尔兰人来说这些大树曾经是神圣的地标，一首诗写道：

我的心为你的圣树

蒙上阴翳，远方的山，
从它的浓荫我曾极目眺望——
挺拔的山楂树现在何方?
欢聚的山丘——人民的创痛——
现已落入敌手。

中世纪爱尔兰文学里充斥着“最高国王”的形象，往往把塔拉当作他们的王都，从中还衍生出了许多诗歌、谚语甚至禁忌，但这些最高国王几乎都只存在于传说时代。在有据可考的历史时期，由于极其分裂的政治格局和地理环境，从来没有哪个本土国王能够一统爱尔兰。在12世纪诺曼入侵使得爱尔兰逐步沦为英王领土之前，最接近“最高国王”理想，差点就统一了全爱尔兰的首领只有“牛贡”布莱恩（Brian Boru，941-1014）一个人。他并不是通过驾车冲过命运之石挑选出来的，而是凭借军事才干和运气赢来这个名号。出身于西南部一个名不见经传的小王国的布莱恩在二三十年里北伐奥尼尔王朝，南征伦斯特诸王，甚至还打败了占据都柏林的维京商业王国。然而他暂时的军事胜利并没有让他直接统治广大的地域，而只是换来了战败者对他的承认和朝贡（布莱恩外号“牛贡”的意思正是一项加在伦斯特诸王头上的古老税赋）。爱尔兰破碎的政治版图以及小农式的村镇经济意味着没有人能对大片区域实现有效的行政和军事控制。在1014年，正是曾经落败的都柏林维京王国联手伦斯特人，与布莱恩的盟军在都柏林北郊的克朗塔夫（Clontarf）海滩展开了一场史诗性的战役，布莱恩与其子双双战死，维京王和伦斯特国王也都命丧沙场；死者不计其数，布莱恩的最高国王美梦也化为泡影，反而是奥尼尔王朝诸王坐收渔翁之利。

克朗塔夫之战是中世纪爱尔兰王权争斗的最高潮，也是爱尔兰政治格局的缩影：大小诸国林立，有权势的国王得到周围小国的臣服，继续向外扩张势力范围，与其他地方诸王争斗不休。臣属、吞并、独立与联盟不停上演，然而每个国王能直接控制的范围大致也就是他原本的领地。最高国王常常同时被称为塔拉之王，不仅因为诸多流传久远的故事，还由于塔拉本身特殊的地理位置——虽然它海拔不高，但周围极为开阔，天气好的时候可以望见爱尔兰近五分之一的面积，因此这座山丘便有着得天独厚的象征意义。

塔拉在爱尔兰人心目中是如此重要，但却没有任何考古证据显示它的确曾经做过都城，而且从公元时代开始它就已经荒废，以至于表面上看来，爱尔兰千年以来为了“塔拉之王”这一称号的权力之争仿佛都是为了一个不存在的地方无意义地混战。因此这个称号仅仅是象征意义上的，只能从仪式和信仰的角度来理解。一首短诗借塔拉的荒芜悲叹爱尔兰诸王辉煌往昔的消亡：

万物低垂，阵风扬起尘埃：
亚历山大，恺撒和他们的麾下；
塔拉荒草萋萋，看特洛伊现今模样，
甚至英国人——他们或许也活不久长！

关于塔拉的传说不断规整着爱尔兰的政治现实，在仪式的展演中人们认识自我，组建生活。塔拉一直是爱尔兰主权的符号，不仅有1798年起义的士兵攻打毫无战略意义的塔拉，1843年丹尼尔·奥康奈尔（Daniel O'Connell）召开政治集会时，也是选择了塔拉作为会址。他在山丘上搭建一个平台发表演说，据说有约75万人前来参加集会，在爱尔兰历史上可谓空前绝后。他的民族主义主张依托着塔拉在人民心中浓厚的象征性，要求爱尔兰自治和重开爱尔兰议会，疾呼取消压迫天主教徒的惩罚法案，抵制旨在让英国和爱尔兰合并的联合法案，得到了全国广泛的响应。纵然今日塔拉只余一片荒草，它在爱尔兰精神里却始终处在不可替代的中心。

二

谁是凯尔特人？

都说爱尔兰人是凯尔特人后裔，那究竟谁是凯尔特人？或者说，你觉得凯尔特人长什么样子？

民谣音乐、奇幻小说的爱好者估计会想起恩雅的空灵旋律、《指环王》里优雅悲伤的精灵；

新世纪宗教、哥特金属的追随者眼前浮现的大概是巨石阵、对月祈祷的白衣德鲁伊祭司；

英国人和美国人的刻板印象里的“凯尔特人”常常是粗野、冲动的混混模样，要不就是成天醉醺醺的红发派迪（Paddy），他蓬头垢面的老婆身后还跟着一大群孩子；

篮球爱好者甚至还会想起波士顿“凯尔特人”篮球队运动员黝黑健硕的身躯。

△ “爱尔兰人”的刻板形象：醉醺醺的“Paddy”

这些印象都被打上了“凯尔特人”的标签，但跟历史上真正的“凯尔特”则相去甚远。答案其实很简单：“凯尔特”只是一个语言学上的分类概念，通常为了方便，把讲各种凯尔特语言的群体都叫作“凯尔特人”，可是并不存在一个叫作“凯尔特人”的共同体，更没有所谓的“凯尔特文化”。

把语言学的分类概念拿来等同于族群甚至于种族，基于这样一个简单假设，即在人类文明和语言形成的早期，有血缘关系的人们组织成小群体过着采集或游牧的生活，群体之间相当隔绝，以至于一种（原始）语言只被一群可以清晰界定的、拥有共同祖先的人使用，他们当然也就具有相似的体质、基因、信仰和习俗。现代的种种研究已经证明这个假设是站不住脚的：即使是纳米比亚沙漠中过着与世隔绝、小群体采集生活的科伊桑人，他们的语言类别跟基因和习俗类别也不重叠，而且由于外婚制，一个科伊桑小群体中的基因多样性远超出传统理论的想象，更别说在交通便利、贸易盛行和文化交流频繁的地区了。把这种语言等同于体质和文化的理论推行到极致，便是种族主义之滥觞。虽然任何人用一点常识作判断，就知道类似“讲各种日耳曼语言的人＝日耳曼人＝金发碧眼＝严谨刚毅”这样的说法有多荒谬，但出于各种目的，总有人还在鼓吹民族体质论、民族文化论。语言可以得自父母，也可以通过贸易、通婚、奴役、移民或杂居习得。在民族国家兴起之时，说同一种语言的人常常被视为拥有同一个祖先，共享一种文化，他们之间的某种实在或想象出来的共性就被标为“民族文化”。吊诡的是，在民族国家定型之后，后来者即使会说当地语言，认同该国文化，也被视为是“非我族类”。从这些虚幻的骄傲中，生出了多少人间惨剧！

操各种在历史语言学上被归为“凯尔特语言”的人，可能来自五湖四海，肤色各异，风俗不同。然而为什么这些语言被称作“凯尔特”？我们还是要追本溯源，深入到历史、语言、族群盘根错节的核心里去。

◊ “漂亮妞儿，上啤酒！”

像欧洲其他文明的故事一样，我们还得从古希腊讲起，希腊人创造的虽不是最早或最发达的文明，我们现在的知识和思想却还在他们留下的框架里打转。不过必须承认古希腊人是伟大的航海家，贫瘠多山的土地迫使他们扬帆远航寻找商机。公元前500年左右，希腊的殖民地城邦已经遍布地中海沿岸，西班牙、法国南部、西西里、土耳其、叙利亚，甚至非洲海岸，都有希腊商船的根据地。贸易和航海的需要催生了地理学，学者们通过亲身造访和记录见多识广的商人的口述，不仅描绘山脉和港口的地图，还编纂希腊周边“野蛮人”的分布和风俗，以便人们查询他们会跟希腊人交易些什么。史前时代的人们并不像我们想象的那么隔绝，波罗的海的琥珀早在新石器时代就已经输入不列颠群岛，阿富汗产的矿石公元前三千年就已经出现在中国和埃及。希腊人依托了地中海的便利，并且发展出现代地理学和民族志的雏形。

在跟希腊人打交道的民族中，有一支被他们称作凯尔特人（Keltoi），这些人分成很多个部落，住在中欧多瑙河沿岸的森林和山脉里，大致等于今天的德国南部、捷克和奥地利。今天的考古学也证明在这片地域曾有一个至少是物质文化上的共同体，以风景如画的阿尔卑斯小镇哈尔施塔特（Hallstatt）出土的器具风格为代表。

哈尔施塔特坐落在奥地利中部，离萨尔茨堡虽然不远，七弯八绕的山路却走得缓慢。2008 年我去的时候，汽车驶过田园牧歌一般的阿尔卑斯绿野，两旁的山峰遮掩在升腾的云雾中，突然一片波光粼粼的湖泊映入视野，过了桥便看到盘山路和松林下方的湖边鳞次栉比地展开一栋栋灰瓦木墙的房屋，对岸静默高耸的雪山倒影在湖水的镜面里。这样一个仙境般安详的小镇，我以为除了我这样专程来探访古迹的之外，不会有多少游客。然而正当我坐在湖畔吃着烤鳟鱼的时候，旅游大巴一辆辆地开进来，下来不少手持相机头戴太阳帽的亚洲旅客——原来这里曾经是韩剧《春天华尔兹》的外景地，他们跟着导游的小旗子，追寻男女主角拥吻的码头蜂拥而去。不久之后又听说，有一天哈尔施塔特突然出现了一群神秘的中国人，他们有组织地把小镇每一栋房子每一个角落都拍了照。后来媒体发现，是中国某地产商打算照哈尔施塔特的原样在中国复制一个楼盘。生活平静得乏味的奥地利人把这件小事当成了头条新闻，有觉得自豪的，也有抗议的。全球化带来这些哭笑不得的事儿，依我看来奥地利人不必大惊小怪，毕竟哈尔施塔特在四千年前就已经是一座国际贸易重镇了。

哈尔施塔特的先民们多数是群居于村落的农耕者，火化死者并把骨灰放在骨灰瓮里埋葬，但是不堆土为墓。山里有丰富的盐矿，先民们从咸味的泉水里发现了大山的秘密，便沿着峭壁开凿出蜿蜒的小路，用简陋的背篓和工具采出岩盐，和山外的居民以及更远的伊特鲁里亚人和希腊人交换各种生活所需。他们留下了成千的墓葬，不计其数的饰物和武器，说明这块土地的富裕繁荣。到公元前 1000 年，军事贵族已经浮现在平民之上，他们的墓葬更加豪华，殉葬品包括四轮马车、铜斧、长剑以及希腊和伊特鲁里亚进口的货物。他们不断征战迁徙，渗透到今天的法国、西班牙中部、意大利北部，有的甚至跨过巴尔干进入小亚细亚。这个时期的器具物质文化，考古学称作拉坦诺（La Tène）文化。希腊人记叙当时凯尔特人一度占据着欧洲的大部分地盘，甚至洗劫羽翼未丰的罗马城，这就是所谓凯尔特人的黄金时代。

希腊人眼中的凯尔特人是个勇武好战的民族。柏拉图说他们嗜好酒宴；亚里士多德听闻他们公开支持同性恋，还拿他们作过度勇敢的例子。他在《尼各马可伦理学》中说，正直的人为了荣誉应当坚守信念勇敢行事，但一个人要是真的完全无畏无惧，像凯尔特人那样连地震巨浪都不怕，这就过度了，只能被称作疯狂或麻木。埃福罗斯说凯尔特人占有的地域广大，从土耳其直到西班牙的卡迪兹（Cadiz），他们很在意自己的体型是否发福，年轻人要是肚腩的肥肉露出腰带以外，就要被惩罚。还有一位无名诗人记录他们会把初生的婴儿浸到冰冷的莱茵河里，只有能通过测试活下来的强壮孩子才能被承认为族群的一部分。这些记载勾画出艰苦尚武的民族一般都会有的特征，除此之外并没有告诉我们多少信息。

到了罗马时代，关于这些拉丁语叫作“Celtae”或者“Galatae”的人们的图景才渐渐丰富起来，最重要的是斯多葛哲学家波塞多尼奥斯（Posidonius, 约公元前 135-50 年）的记载。据流传下来的引述，波塞多尼奥斯说凯尔特人（Celtae）主食是肉类，只有少量面包；他们进食时席坐于地围成一圈，中间是首领，手拿着大块的肉啃。贵族们喝意大利和希腊进口的葡萄酒，共用一个杯子，每人嘬一口；而平民们喜好加了蜂蜜的淡啤酒，叫作 curmi。从这个时期开始，我们得以了解凯尔特人的语言，属于后来所称“凯尔特”语言的一种。

△ “漂亮妞儿，上啤酒！”

curmi 是高卢语，从法国、比利时到意大利北部都说这种语言或它的变体。除了古典作家的记载，我们还有直接的文字证据。高卢人从希腊人和罗马人那里学会了书写，用字母来记录自己的语言，有趣的是民间对使用文字比他们的知识阶层要热心得多。现存的高卢语材料一大部分来自日常器物的铭文以及祭祀献词，还有墓碑上的人名和少数涂鸦。比如，有这么几行铭文被刻在一个法国出土的纺锤坠子上：

NATA VIMPI CVRMI DA

“漂亮妞儿，上啤酒！”

△ 科利尼历书局部

看着这行字，仿佛听见两千年前高卢陶工在一天的劳作之后聚在一起，兴高采烈地吆喝痛饮。著名的2世纪科利尼历书（Coligny Calendar）用工整的拉丁字母书写高卢语，镌刻在青铜版上，则更像是知识阶层制作的公共档案。这份历书使用的是一种混合了阳历和阴历的历法，列数了五年跨度内共62个月的天数和名称，跟罗马通用的历法大相径庭，月份名字反而跟爱尔兰语的节气名称相似，应该是高卢人与爱尔兰人共通的传统历法。

波塞多尼奥斯颇有幽默感，他说高卢的凯尔特人身材高大，不过金发多数都是假冒，是用柠檬汁漂出来的，他们把头发向后梳，看起来像马鬃或者潘神（人身山羊腿的森林之神）。贵族留着盖过嘴唇的胡髭，吃东西的时候沾满了食物，但是他善意地揣测喝酒的时候胡髭可以帮助过滤酒液。波塞多尼奥斯像一个小说家加人类学家，他专注搜罗奇风异俗，以耸人听闻的笔法告诉读者高卢人喜欢猎头，把砍下的敌人头颅钉在墙上，或者用柏油保存。有身份的敌人脑袋会摆在柜子里展示，并且（很明显好奇的希腊人尝试过）无论出多少价钱都不卖。风水轮流转，两千年后英国的探险家们来到巴布亚新几内亚，又被同样的风俗震惊了。

◊ “高贵的野蛮人”

罗马也在不断地扩张，因此他们对邻居的观察比起做生意的希腊人来更为细致，尤其对高卢人的军事生活感兴趣。高卢贵族习惯乘双马拉战车作战，一人驾车，一人持长矛，有时下地步行挥剑战斗，身上只围一条披风，很少穿盔甲，因为他们认为用铁甲保护自己是懦夫所为。两军对阵的时候先由双方的头领一对一地挑战，其他人在后面呐喊助威。这些风俗无疑给习惯穿铠甲、使用步兵方阵和骑兵冲锋的罗马人留下了深刻印象，在他们看来这些野蛮人好像在重演荷马史诗中的上古英雄，更由于在早年罗马并不对高卢占有军事上的优势，生活也还没有像后期那样腐化奢靡，仍然推崇战斗精神，罗马史家们谈论高卢人就像卢梭或者《阿凡达》那样赞叹其为“高贵的野蛮人”。不只是高卢人，当时日耳曼尼亚和黑海附近的部落也有相似的战争文化，虽然那些地区的语言并不属于凯尔特语，类似的风俗大概是相近的社会结构和发展水平所致。

如果说之前的史家们写的都是没有个体差异的民族志，尤利乌斯·恺撒时期对高卢人的描述则逐渐像是血肉丰满的个人传记。公元前1世纪罗马开始向高卢扩张，逐步侵占了现在意大利北部和法国、西班牙，此前都是凯尔特部族所居的地区，不同之处在于法国南部和波河一带的部落跟希腊罗马人交往已久，大部分已经住在城镇，风俗甚至语言跟罗马人无异，而之外的部落则保留着自己的传统，对虎视眈眈的罗马人心怀戒备。恺撒为赚取政治和军事资本大举进军高卢，把自己的所见所感写成书，寄回给元老院以汇报战功。他以第三人称描绘自己，按行军的过程逐一记叙，用平实的口吻树立一个鞠躬尽瘁诚实谦卑的人民公仆形象，在罗马城博取印象分。《高卢战记》（*De Bello Gallico*）开篇，恺撒这么写：

“高卢全境分为三部分，其中一部分住着比尔及（Belgae）人，另一部分住着阿奎丹人(Aquitani)，而那些用他们自己的话来说叫凯尔特（Celtae）人、我们称之为高卢(Galli)人的，住在第三部分。所有这些人，彼此之间的语言、习俗和法律，各不相同。”

这里开始就有点复杂了。要记住一直到这个时候，所谓高卢、日尔曼尼亚等名词出发点都是地理，高卢就是莱茵河以西、多瑙河以南及阿尔卑斯山之外的广大地域，此中的居民都称为高卢人，史家的知识还没能细分这些族群的异同。恺撒在高卢征战，跟各个部落结盟、战斗和接受归顺，自然比前人更了解他们的区别。对他所说的高卢人我们不乏认识，但是另外两个就不那么清楚了。阿奎丹人可能只是和高卢人族裔相近的部落联盟，但也有可能是现代巴斯克人的祖先，因为在恺撒时代的阿奎丹地区出土了刻着古代巴斯克语的墓碑；比尔及人把他们的名字留给了现代的比利时，据恺撒说他们跟海峡对岸的不列颠居民是亲戚，常有来往。恺撒跟其他罗马人一样不屑于深入研究对方的语言风俗，因此这几支之间有何具体区别，我们就不得而知了。

恺撒留下了对他接触和听闻过的高卢领袖事迹的记叙，把他们当作值得尊敬的敌手，然而他的征服始终是冷酷而高效的。到公元前 50 年左右高卢已经全面平定纳入罗马版图，它的居民也迅速地被罗马化。五百年后法兰克人摧枯拉朽般席卷西欧残余的帝国势力时，高卢居民的主体已经被罗马化得如此彻底，以至于高卢语几乎完全消亡，只在民间的拉丁语里留下一些痕迹，又被继承到法语和其他罗曼语言里，例如法语“道路”chémin 来自高卢语 camani“步伐、小径”，而西班牙语的“啤酒”cerveza 则很可能源自上面提到过的高卢啤酒 curmi。

中欧的凯尔特人（Celtae/Keltoi）也在罗马人和日耳曼人的双重压力下消失在民族融合的滚滚洪流里。往东走的一群人自称为凯尔特人（Galatae），他们的身份存活得更久一点，亚历山大大帝（公元前 356-323 年）曾与他们交谈，问他们在世上最畏惧的是什么。正当亚历山大洋洋得意地以为他们一定会说是自己这个叱咤风云的征服者时，对方却回答这世上根本没什么好畏惧的，除非是天塌下来砸在他们头上，叫大帝好不郁闷。他们在公元前 3 世纪入侵希腊，差一点就洗劫了德尔斐神庙。希腊塞琉古王朝的安条克一世从印度引进了战象，这些庞然大物出现在凯尔特人（Galatae）的骑兵面前，把没见过世面的中欧人吓坏了，这才使希腊人逃过一劫。他们绕道色雷斯迁往小亚细亚，定居在现在土耳其首都安卡拉附近。由于脱离了书写文明的主要战场，他们在随后的历史里出现频率并不高，只知道在进攻沿岸希腊城邦失败后他们的疆土被限定下来，称作 Galatia，后来又向罗马臣服成为一个行省。圣哲罗姆（公元 340-420 年）写道凯尔特人（Galatae）的语言跟德国西南部特里尔（Trier）那里住的高卢人的语言十分接近，一直到 6 世纪他们的语言和身份或许还保留着，但随后历史的变迁则完全抹去了他们的身影。

◊ 亚当、夏娃讲什么语言?

一直到18世纪，欧洲人心目中的“凯尔特”仍然只是指那些希腊罗马作家称为Keltoi或Celtae的古代部落；然而不久后，一种新兴的科学彻底改变了人们对诸多古老族群称谓的理解。

不像今天，中世纪欧洲的语言意识形态跟所谓的“民族”没有关系。我们自然地认为一个民族讲一种语言，把它当作正式和日常交流用语，而一种语言反过来界定了一个民族，至少在大多数情况下是这样，因此足球世界杯上威尔士是一支独立于英格兰的队伍，他们在法律上是一个“国族”（Nation）；而中国在划分民族的时候，也尽量地给每个民族安排一种同名的语言，哪怕畲族主体讲的“畲语”基本上就是汉语客家话。中世纪欧洲的语言对应的不是民族，而是宗教和文化程度。很长一段时间里，只有基督教圣事用的语言（拉丁语、新约希腊语、希伯来语、教会斯拉夫语等）被认为是“语言”，被知识阶层用以超越国界交流，而民众日常所讲的不过是神圣语言退化成的、没有文字的粗俗“方言”。诸王室之间相互婚娶，血统、语言甚至归属感跟他们治下的子民可能大不相同。中世纪晚期，几个大王室使用的语言取代拉丁语成为西欧贵族的主要交际用语，但子民（subject）们说的语言仍然不是国家疆界和性质的决定要素。

教会经学家们将《圣经》里的巴别塔故事看作研究语言问题的圭臬，尝试在他们知道的不同语言和方言之间找出相似之处，并追溯到人类语言分离之前的状况，也就是“伊甸园的语言”。他们相信巴别塔倒塌之后人类形成了七十二种语言，至于具体是哪些则众说纷纭。有一些方言的相似之处是显而易见的，例如当时的法语、卡斯蒂利亚西班牙语、奥克语（Occitan）、意大利诸方言都可以回溯到拉丁语的通俗形式，因此至多算一种，但是各种日尔曼语、爱尔兰语、威尔士语等就说不清了。学者们把自己的语言嵌入巴别塔神话的框架中，为自己的族群塑造古老神圣的起源。例如11世纪的《爱尔兰征服书纪》（*Lebor Gabála Érenn*）就主张，东方斯基泰国王芬尼乌斯（Fénius Farsaid）派儿子和智者们到倒塌后的巴别塔搜集人们变乱的各种语言，从中采撷最美好的精华，糅合起来创造了爱尔兰语，因此爱尔兰语不属于七十二种语言之一，而是比它们更高级的集成。

这些可以视作最早的比较语言学研究，但现在回顾起来，里面不仅有狭隘的单线历史观和粗糙的方法导致的天真推论，还经常被固有偏见以及政治和宗教意图操纵。希伯来语作为上帝选民的语言，成为学者们拉拢来证明某一语言优越性的首选对象。根据各种语言的精华创造爱尔兰语的理论固然不可能是事实，1580 年佛兰德斯（今比利时北部）兴起的时候，安特卫普人扬·范·戈尔普（Johannes Goropius）还认为一种语言包含越多简短的词，就应该跟原初伊甸园的语言越接近，因此词形简短的佛兰芒语是希伯来语和所有欧洲语言的祖先。根据冰岛萨迦的记载，维京人最早从欧洲出发登上了美洲大陆，但 1625 年海洋法先驱格劳修斯据此写书论述，现代美洲印第安人的语言源自瑞典语，因此瑞典对北美领土有正当主张，则应该跟瑞典王室给他的丰厚津贴有关。

◊ 从“堕落”到“进化”

要达到新的视野，必须跳出基督教历史观和欧洲地理的藩篱。这一点最终由两位天才学者做到了，他们分别是爱德华·鲁伊德（Edward Lhuyd, 1660-1709）和威廉·琼斯（William Jones, 1746-1794）。巧的是，两人都出身于英格兰化的威尔士知识分子家庭，都在牛津念书，并在 50 岁前早逝。

鲁伊德曾是牛顿的朋友，后者资助他在英伦三岛各地考察植物分布。鲁伊德在考察途中发掘了不少化石，出版了一本英国的化石遗存名录，并首次为恐龙化石提出命名（虽然他的命名没有被其他学者采用）。另一件考察的成果则建立在他流利的威尔士母语和敏锐的语言学直觉上。鲁伊德将自然博物学的分类法应用于语言学，根据沿途搜集的语言材料，正确地提出爱尔兰、曼岛、苏格兰高地、威尔士、康沃尔、布列塔尼等地居民所讲的语言彼此之间的相似程度大于它们跟任何其他语言之间的相似，其中爱尔兰语、曼岛语（Manx）和苏格兰高地盖尔语为一组，威尔士语、康沃尔语和布列塔尼语为另一组，两组之间有一批词存在这样的对应关系：前一组里的 k 音，在后一组里是 p，例如前一组里“儿子”均为 mac，而后一组里是 mab。“四”在爱尔兰语里是 ceathair，曼岛语 kiare，苏格兰盖尔语 cethir；威尔士语则是 pedwar，康沃尔语 peswar，布列塔尼语 pevar。怎样解释这个对应呢？鲁伊德留意到最早的爱尔兰欧甘铭文（4-7 世纪）上，“之子”写成 MAQQI，Q 代表的是 k^{w}，亦即汉语“夸”的声母。而拉丁语的“四”（quattuor）明显跟这些语言的“四”同源，qu 也读 kw。这个辅音要用两个部位协同发音：软腭发 k 的同时，嘴唇发出 w 音。他因此推断，最初这些语言的共同祖先用的是 k^{w}，爱尔兰语一组留下了软腭 k 的部分，威尔士语一组留下了唇音 w，然后再转化为唇音 p，唯有如此才能对已知材料作出最合理的解释。鲁伊德把爱尔兰语一组称为 Q- 凯尔特语，又叫戈达尔语支（Goidelic），威尔士语一组称为 P- 凯尔特语，又叫布立吞语支（Brythonic）。他的初步分类与中世纪史实也不谋而合：苏格兰高地人和曼岛人都是爱尔兰移民的后裔，而布列塔尼人的祖先是康沃尔和不列颠南部逃离萨克逊人入侵的难民，康沃尔人和威尔士人在被盎格鲁—萨克逊人隔断之前曾是一个整体。

通过大量词汇的比较，以及理性方法的正确应用，鲁伊德指出这些语言发音之间许多基本的对应关系，以及它们可能的共同原型。少数词汇的相似可能是通过借用、模仿和巧合，但是成规模的、严整的对应，尤其是那些基础词汇例如身体部位、亲属称呼和日常动词的契合，只能解释为这些语言来自同一个祖先。那么谁是这个祖先呢？鲁伊德缺乏足够的语言素材，但他引用了罗马史料和爱尔兰的传说，认为讲布立吞语的不列颠人是高卢人的近亲，而讲戈达尔语的爱尔兰人是从西班牙远航而来。基于高卢和西班牙在罗马之前都是凯尔特人的疆土，他把海岛上的这批语言叫作凯尔特诸语（Celtic Languages），而操这些语言的人们在他看来自然就是凯尔特人最后的苗裔，虽然这些人们根本不知道自己说的语言被称作了“凯尔特语”。

鲁伊德奠定了“凯尔特”一词的现代用法，以及对海岛上凯尔特诸语的首次系统比较和分类。不难看出，博物志、分类学和生物演化的观点，即几种生物是从已不存在的共同祖先分化而来，是怎样深刻地影响了新的语言学视野。以前，由于有希伯来语拉丁语这些古老又神圣的巍峨高山挡道，人们对语言源流的想象不超过把一种语言归为另一种已知语言的后代的程度，也就是缺乏历时（diachronic）变化的认识；现在，新考古发现和更深入研究让他们意识到即使是圣经希伯来语也有其嬗变的历史，可以跟其他近东语言一起回溯到已经消失的祖先，而语言变迁是和族群迁徙史紧紧相连的。后代在谱系中被赋予和祖先同等的地位，现代语言在各方面跟古典语言平起平坐，“退化论”淡出了学术。这是一项巨大的变革，直接促成了18世纪琼斯的划时代发现，又间接启发了年轻的达尔文将“演化”推向“进化”。

那凯尔特诸语的祖先又是谁呢？让另一位语言天才威廉·琼斯来回答这个问题。威廉·琼斯是世界上精通语言最多的人之一，而且都有实打实的成果可以证明。他不仅熟谙当时语文学者必修的语言：法语、德语、拉丁语、古希腊语等，还精通波斯语、阿拉伯语、希伯来语，甚至能读汉语文言文。

在殖民地印度加尔各答担任法官期间，他又深研梵语、孟加拉语等南亚语言。缺憾的是身为威尔士人，这位语言天才竟不懂威尔士语，因此被评为“懂得除了自己母语以外所有语言的人”。

琼斯的贡献在于发现亚洲的古老语言梵语、古波斯语等跟欧洲的古希腊语、拉丁语、哥特语以及凯尔特诸语不仅在语音上，而且在语法上都能追溯到一个共同的祖先，这个祖先就是我们今天所说的“原始印欧语”，它的后代组成了“印欧语系”。借由变化的不同路径，可以层层细分，语系之下是语族，其下又分语支，例如凯尔特语族丧失了原始语里的 *p, 布立吞语支又将 $*k^{w}$ 转为 p。以爱尔兰语为例，依次属于印欧语系 - 凯尔特语族 - 海岛凯尔特语支 - 戈达尔亚支。希伯来语、阿拉伯语等属于同级的亚非语系，欧洲尚有匈牙利语、芬兰语、拉普语等属于乌拉尔语系，巴斯克语则跟现存的任何语言都没有亲缘关系。这一分类法清楚地说明，在新科学里，语言与生物被同等看待，都可以通过统计共同特征的性质和数量完整地描绘出唯一不变的谱系图。

琼斯对语法形态的比较研究为历史比较语言学添加了新的向度，并且把共同祖先推到前所未有的历史纵深。如果这些语言都同出一源，它们共同祖先存在的年代则至少在距今

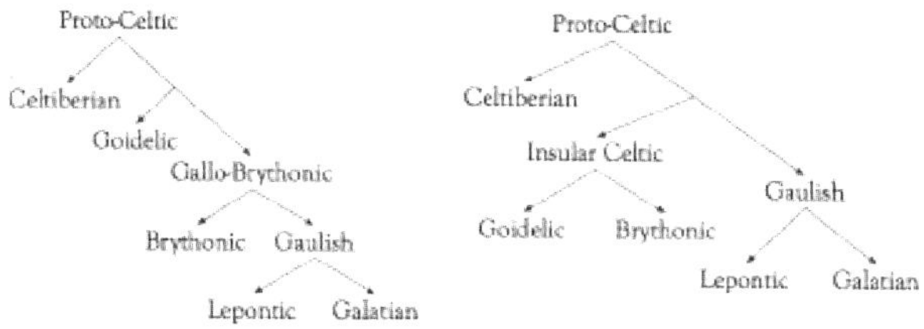

△　凯尔特诸语言的两种分类法

4000 年之前，说其子语言的人群包括当时欧洲人知道的大多数古代文明。由“印欧人”引发的“雅利安”概念成为种族主义惯用的旗帜，时至今日仍有遗毒。但“印欧语系”概念不仅以实证拓宽了人们对语言和族群迁徙的想象力，完全超出了圣经所知的范围，还打破了希伯来语跟欧洲语言的联系，从而使试图用圣经来解释族群源流关系的理论彻底被抛弃。

琼斯的研究以及新的考古发现刺激学者们将印欧比较语言学推向一个高潮。参照语系中其他语言，可以断定高卢语、公元前 6 世纪中欧的勒庞语（Lepontic）以及后来在西班牙发现的凯尔特伊比利亚语（Celtiberian）的确同属凯尔特语族

（例如高卢语的“啤酒”curmi 跟爱尔兰语 cuirm，威尔士语 cwrw 同源），Keltoi 和爱尔兰之间链条的最后一环接上了；前两种属 P- 语支，后一种属 Q- 语支。这似乎支持鲁伊德的说法，即爱尔兰人来自西班牙而不列颠人来自高卢，但事实上文献根据（共享的部族名称）、器物风格和语言的其他特点都显示爱尔兰和不列颠最为接近，跟凯尔特伊比利亚地区则较为疏远。这提醒我们将语言的一个特征作为准绳来判断分类关系甚至族群源流是多么的不可靠。

◊ 爱尔兰人从哪里来？

如果爱尔兰语是一种凯尔特语，在有史可据的最初几个世纪内爱尔兰语又是爱尔兰全岛上唯一的一种语言，那么是否说明爱尔兰人都是从中欧来的呢？另外，从公元前 500 年左右开始，发祥于中欧凯尔特人集中的地区的拉登（La Tène）器物文化逐渐扩散到法国、比利时、波兰南部，又渡过窄窄的两道海峡进入不列颠和爱尔兰，到公元前 200 年左右已经成为这些岛屿上的主导器物文化。这些不禁让人猜测，就像在恺撒进攻高卢时有不少高卢人渡海投奔不列颠的亲族，也许爱尔兰人也是由于某种原因从中欧的“原始凯尔特”人那里分离出来，进入爱尔兰岛定居。很可惜，语言和器物文化的传播并不必然等于人口的迁移和取代，否则按照这种说法，学会了骑马用马镫的中国人都是斯基泰人的后代，改说英语的新加坡人都是英国人的后裔了。

在凯尔特语言和拉登器物文化到来之前，爱尔兰并非空白一片，冰川退却后登陆的岛上先民们已经繁衍生息了几千年，建造了蔚为壮观的大型建筑物（见“隐遁的诸神”）和丰富的物质文化。拉登器物文化带来了铁器的冶炼和驯马技术，在武

△ 爱尔兰先民制作的金项圈，公元前 1000 年

器装备上明显更胜一筹。是不是的确有大量的新移民从欧洲大陆带来了语言和技术，征服了原住民，把他们变为奴隶，或是赶尽杀绝？又或只有少数人到来，和平联姻但原住民采用了新来者的语言和风俗？甚至是像骑马和英语的例子一样，纯粹是文化的传播？总之，除了少数来源可疑的词语和地名之外，在凯尔特语言之前的语言几乎没有留下任何痕迹，只在神话传说里可能还残留了古老信仰的某些痕迹。

直到公元43年后，罗马人才逐渐地把不列颠纳入帝国行政体系。罗马不列颠包括整个不列颠岛的南部，直至北边的哈德良长城，西部部分山区和沼地没能有效地统治。居民的主体仍然是讲一种跟高卢语相近的凯尔特语言的不列颠人，罗马移民和驻军在富饶便利的地区建立了不少市镇，聚居在一起，也跟不列颠人通婚。总体来说，罗马不列颠除了偶尔的叛乱以及爱尔兰人在沿岸的骚扰，享受了三百多年的和平繁荣。

哈德良长城北边荒芜寒冷，住着未被征服的皮克特人。皮克特人的名字Picti大概是拉丁语“纹面、涂颜料的人”之意，因为罗马史家声称他们战斗的时候把自己涂上花纹。受这个真假莫辨的传说启发，电影《勇敢的心》让英雄出征时把脸涂成蓝色。他们留下的文字除了寥寥几块用爱尔兰人那里学

△ 皮克特石刻，藏于苏格兰国家博物馆

来的欧甘文刻的墓碑，只有邻居民族记录的皮克特诸王名录和苏格兰北部的地名，足以证明他们的语言跟不列颠人相近，然而他们的器物和艺术却没有受到拉登文化的影响。今天在苏格兰的博物馆还能看到皮克特时代的精美石刻，他们的装饰非常独特，其中有大量目前仍然不知道意义的象征图案，跟典型的所谓“凯尔特艺术”纹饰大相径庭，例如这种新月和三角交叉的图案。

皮克特人后来和爱尔兰移民通婚，爱尔兰人按父系继承，而皮克特人按母系，于是一位父亲是爱尔兰移民国王，母亲是皮克特公主的混血儿肯奈斯（Cináed mac Ailpín）便顺理成章地在850年左右成为两个民族共同的国王。在一两个世纪内皮克特语和他们的文化就全面消失了，融入了一个新的国家，苏格兰就此产生。1902年约翰·巴肯（John Buchan）写过一篇幻想小说，讲述一位年轻的牛津学者深入苏格兰的崇山峻岭，在其中发现了幸存的皮克特人后裔。他们过着野人一样的生活，还把他扣留下来。幸好这位学者对另一门凯尔特语言威尔士语深有研究，居然能听懂大半对方的讲话，于是经过一番历险之后终于逃脱。所以学习凯尔特语言是多么重要啊！

罗马人从未用“凯尔特”这个名字（Galatae 或 Celtae）称呼皮克特人和爱尔兰人，所以直到18世纪历史语言学兴起之前，大家都不觉得这两个民族跟大陆上的高卢人有什么联系。希腊人很早就记载了爱尔兰，从马赛或者不列颠出发，曾经到过爱尔兰沿岸，他们眼见耳闻的信息记录在马赛的皮忒阿斯（Pytheas of Marsillia）和托勒密的书里。他们把爱尔兰叫作 Ierne 或者 Iouernia，这个名字的词源大概是“丰饶、肥膏”的意思。而罗马人发挥了天才的想象力，认为既然爱尔兰寒冷潮湿，就应该稍微改一改名字叫“冬之国”（Hibernia），后来又称它为 Scottia，直到中世纪晚期 Scottia 并非苏格兰，而是爱尔兰和它的不列颠殖民地。

占据了不列颠南部的罗马人并没有进军爱尔兰，这使得他们得以保存自己独特的政治制度，像征服前的高卢和不列颠那样由上百个部落各自割据，每个部落或部落联盟为一邦（túath），有一个从男性自由民或军事贵族中推举产生的国王，较小的邦则臣服于实力更强的邦，这些大大小小的邦互相之间亲缘、世仇和领土争端错综复杂，长期混战加上迁徙和吞并、分裂，导致罗马时代及之前爱尔兰的部落和政治版图总在变化之中，由于缺乏同时代的文字记载，我们只能从后来的传说里筛取真相。

到公元400年左右，爱尔兰形成了六大地区势力：北部奥尼尔（Uí Néill），南部奥尼尔（Uí Néill），阿尔斯特（Ulaid），康纳赫特（Connachta），芒斯特（Muman），伦斯特（Laigin）。每个大地区偶尔会有其中一个邦占据主导地位，令其他小邦臣服，而大地区之间很少有成功的征服。爱尔兰法律规定所有儿子都平等具有土地的继承权，而家族牢牢地掌握着土地的分配和使用，因此一统天下的野心难以实现：一个部落只能让另一个俯首称臣，而无法占有他们的土地；即使他们把被征服者全部流放甚至杀光，得到的土地也会不断分散到新生的小家族里去，国王们不得不常常承认旁支家族的首领为藩属国王，以换取他们的支持。但政治逐渐出现革新，将王位继承权限定在一个家族内部的王朝开始流行，松散的联盟由更紧密的、半封建式的效忠取代。王朝的建立使小王国的统治者们多数出于同一祖先，有助于加强地区的凝聚力。

在爱尔兰人中间流传着一则段子，大概是为了增强民族自尊心发明出来的，说爱尔兰殖民不列颠比英国殖民爱尔兰要早多了。"祖上也是阔过的哩！"这个段子倒是有点历史依据的。5世纪左右，一些在爱尔兰失势的部落迁居海峡对岸，东北部的达尔利亚达（Dál Riata）在苏格兰海岸建立了殖民地，随后不断扩张，合并了皮克特人的王国，成为苏格兰盖尔人的祖先。

中部的德西（Déssi）一路南下，渡海进入威尔士南部，融入不列颠人之中。同时，爱尔兰海盗经常劫掠不列颠西海岸，罗马人撤走后（公元 410 年）更是变本加厉。威尔士传说故事《马比诺吉》（*Mabinogi*）中的第二部《李尔之女布兰玟》（*Branwen ferch Llŷr*）以及通过瓦格纳的歌剧而被广为人知的悲情故事《特里斯坦与伊索尔德》（*Tristan and Iseult*）都以这段历史为背景。

◊ 民族大杂烩

5 世纪可谓是西欧命运的一大转折点。永恒帝国成了泡影，“蛮族”从各个方向入侵，罗马最终崩溃成碎片。长期被压制在边境外的民族活跃起来，原居日耳曼尼亚的各个部落占领了高卢、西班牙和意大利北部，不列颠在风雨飘摇中被罗马遗弃，不列颠人、爱尔兰人、皮克特人和新近从丹麦和德国北部来的盎格鲁、萨克逊和朱特人抢占军团撤退后留下的真空。不列颠岛上，凶悍的盎格鲁 - 萨克逊人步步进逼，最终把不列颠人挤到西部的几个半岛和北部的山区。今天我们读历史，会惊讶地发现当时的史家们大多同情不列颠人谴责入侵者，连盎格鲁人可敬的比德也不例外。其实这一点也不奇怪。每个人都会为自己建立一个身份认同，现在我们根据的首要是民族划分，冷战年代靠立场“左”“右”，而中世纪早期的僧侣史家怀着使同一的基督正教成为世界宗教的理想，在他们眼里，宗教派别才是最重要的阵营。进攻不列颠时盎格鲁 - 萨克逊人还是异教徒，而罗马治下的不列颠居民多数已皈依基督，比德谴责的是异教徒对基督徒的暴行，或异端邪说的盛行，一旦盎格鲁 - 萨克逊人皈依正途，侵略和征服就被轻描淡写一笔带过。要说比德是“英奸”，那可就太冤枉啦。

到 9 世纪，南不列颠人的地盘只剩下现在的威尔士和康沃尔，高山和沼泽阻碍了盎格鲁 - 萨克逊人的推进。一部分不列颠人为逃避战乱从康沃尔渡海到法国的布列塔尼半岛定居下来，布列塔尼（Bretagne）是“小不列颠”的意思，正是从他们得名。这个格局一直维持到现代。即使在维多利亚治下大英帝国的全盛时期，神勇如大侦探福尔摩斯面对巴斯威尔的猎犬出没的达特莫尔沼地，也就是隔开英格兰与康沃尔的自然屏障，仍然不免心生畏惧。通常被征服的民族的语言都会在征服者的语言里留下所谓的底层（Substrate），尤其是地名和动植物名称，但是在今天的英格兰和苏格兰低地地区，大规模移民使得萨克逊化非常彻底，以至于英语里面没有留下多少凯尔特不列颠语的痕迹。

盎格鲁-萨克逊人还没享受多久征服者的滋味，又一波入侵开始了，这次甚至波及到了总是躲过民族格局洗牌的爱尔兰。8世纪开始，从斯堪的纳维亚来的维京长船忽然出现在西欧沿岸的各个港口，不由分说地烧杀劫掠。本地居民们惊恐地发现，这些异教徒海盗完全不遵循文明世界既定的作战规则，不仅无法和谈，而且对教堂和文化毫无尊重，在圣坛前大开杀戒，毁坏珍贵的书籍只为得到封面装饰的金子。不能与之沟通的敌人是最可怕的。幸好，海盗们开始在征服的地方定居下来，经营农业和商业，慢慢地接受了本地的语言、信仰和秩序，融入到原居民里去。在不列颠，所谓的“丹麦法区”占据了原来盎格鲁-萨克逊疆土的半壁江山，维京后裔还一度成为英格兰王；奥克兰群岛、曼岛（Isle of Man）和苏格兰沿岸被维京人统治；而爱尔兰的主要港口城市：都柏林、科克、沃特福德等等都是维京人建立的。北欧人的日耳曼方言在英语里留下了浓重的痕迹，也借给爱尔兰语不少航海、军事和城镇生活的名词。然而为数甚少的北欧人最终完全被爱尔兰人同化。

爱尔兰最后一个独立的维京王国，即商业城市都柏林，在1171年被爱尔兰伦斯特王联合诺曼贵族“强弓”（Strongbow）

的军队消灭。诺曼人本身的来源极其复杂，既有高卢—罗马的底层，又有法兰克人和维京人的掺杂，来到英国之后更和原有的盎格鲁 - 萨克逊人融为一体。他们征服了英国，把威尔士和康沃尔置于诺曼王权之下，又借由伦斯特王哲尔默德（Diarmait mac Murchada）的引狼入室政策率大军登陆爱尔兰，不久就让爱尔兰诸王纷纷臣服于英格兰国王。

不少诺曼贵族在这一时期扎根爱尔兰，称为“旧英格兰领主”（Old English Lords）。这些人野心勃勃，拥兵自重，有自己的庄园和军队，虽然名义上是英王的属臣，实际相当于地方军阀。山高皇帝远，英王无力约束他们，而他们及其手下跟周围的爱尔兰部族打成一片，相互通婚，在这里破碎的诸王割据格局中如鱼得水。他们人口众多，不仅给爱尔兰语带来很多行政、科技的新名词，还留下了今天爱尔兰常见的大姓：Barry（如爱尔兰最家常的茶包品牌 Barry’s），Burke（如自由主义思想家埃德蒙·伯克），FitzGerald（如写作《了不起的盖茨比》的司各脱·菲茨杰拉德），Joyce（当然有爱尔兰国宝詹姆斯·乔伊斯）等都能追溯到这些盎格鲁 - 诺曼人。英王当然不能容忍他们无法无天，当宗教权威和王位受到来自爱尔兰的挑战时，亨利八世再次进军爱尔兰。这次征服把爱尔兰全面纳入到英国的统治秩序中，没收敢于反抗的领主、爱尔兰贵族甚至普通天主教徒的土地，分配给英国各地来的大量移民耕种。这一系列行动和其后由于饥荒导致的西部农民大逃难使得原居民进一步减少或迁往工作机会多的大城市。近年来，通过欧盟一体化政策大量来自东欧以及世界各地的移民又来到爱尔兰定居，成为了“新爱尔兰人”。

不难看出，任何尝试把爱尔兰人等同于一种血统或文化的主张都是站不住脚的，爱尔兰人既不是“凯尔特人”，也不是任何一种单一的人群。

可惜总有人罔顾史实，任意捏造他们想要的“种族”。从19世纪下半叶到20世纪早期，美国有许多家庭收养孩子时，指定要从爱尔兰和挪威来，因为这两个地方“白人血统最纯”。回想美国西部铁路大建设时期，穷苦的爱尔兰农民跟华工一样被“卖猪仔”到铁路工棚里，一道被美国社会歧视为野蛮、愚昧的“低等民族”，同甘共苦，还常常相互通婚。几十年后爱尔兰裔社会地位大大上升，产生了政商要人，而华工则仍然饱受歧视；甚至有一位爱尔兰移民，丹尼斯·基尔（Denis Kearney），成为了排华的急先锋，以他的演讲结束语“无论如何，华人必须滚蛋”而闻名。种族论之荒谬和无情可见一斑。

◊ 重新发明“凯尔特爱尔兰人”

既然将语言和人群等同起来不可行，那爱尔兰何以成为民族国家？本来，19 世纪作为不列颠与爱尔兰联合王国一部分的爱尔兰最深切的身份认同问题并不是族源，一拨拨的移民使人种血缘模糊不清；也不是语言，英语作为行政和日常语言已经深深扎根，会说爱尔兰语的人只占全国人口的一小部分，而是宗教。马丁·路德发动的新教改革转变了英格兰的国教，却没有波及爱尔兰。随着英格兰和苏格兰移民在 18 世纪大规模地进驻逃亡的反叛贵族的土地，爱尔兰北部形成了数量可观的新教徒群体，从事纺织、造船业，在宗教、政治、经济上都非常依赖英国。而天主教徒长期受到歧视，无法担任公职或者拥有土地，绝大多数是新教大地主的雇农，经济和政治上都处于绝对的劣势。这种不平等必然要遭到反抗。一开始反抗是在政治框架内进行的，丹尼尔·奥康奈尔发起自治运动，试图让英国同意成立爱尔兰议会管辖本岛事务，希望借助占大多数的天主教人口投票通过解放天主教徒的法案。全英国包括爱尔兰来看，新教徒占多数，可以稳居特权地位；一旦爱尔兰自治，新教徒就成了少数。他们害怕受天主教徒迫害，极力反对自治，这就是南北爱尔兰分治的导火线。但无论南北，不分教派，不管是盖尔人、维京人、旧英格兰人还是新移民的后代，都逐渐在文化上形成一种自我意识，标榜自己不同于英国的“爱尔兰人”身份。盖尔运动员联盟（GAA）重新发明了板棍球（Hurling）和盖尔足球（Gaelic football），并把它们提升到“民族运动”的高度。前者杂糅了民间游戏和古代传说，后者则手足并用，像是橄榄球跟足球的混合体。知识分子回到中世纪文学和民间故事去寻找“民族精神”的纯粹精髓，其中佼佼者莫过于威廉·巴特勒·叶芝。

若说一半的爱尔兰民族性都由叶芝打造，丝毫不为过。他本人就像爱尔兰的一幅缩影，既多才多艺，又充满自相矛盾的特质。叶芝的祖先可以追溯到一位叫哲维斯·叶芝（Jervis Yeats）的英格兰士兵，他在17世纪末随着新晋登基为英王的荷兰奥伦治亲王威廉进军爱尔兰，为了消灭拥护原英王詹姆斯的天主教势力而战。叶芝的家族属于英国治下享受政治经济垄断特权的新教徒新贵阶层（Protestant Ascendancy），叶芝成长的年代正是这一小群精英大权旁落，民权运动和天主教解放思潮风起云涌的时刻，按理说他应当对天主教平民阶层心怀愤恨；然而他一生与致力于复兴爱尔兰民族文化，和倡导“重建”一个天主教农业社会的政治人物过往甚密，并笃信神秘主义和东方哲学。他重述和创作了具有浓厚乡土气息的故事和诗歌，被民众视为爱尔兰传统的代言人，自己却不懂爱尔兰语。他那些冠以“古老凯尔特传奇”名义，以其浪漫和质朴征服世界读者的作品，的确引人入胜，却从不被严肃的学者看作民俗学材料，它们不过是具有爱尔兰民间传说母题，然后由作家渲染了浪漫主义色彩，又悄悄地灌注他自己的神秘哲学观，扮成“凯尔特人”的古老智慧以解答世纪之交欧洲人的困惑。这些作品虽然与爱尔兰原汁原味的传统文学相去甚远，却被包括爱尔兰知识分子在内的读者奉为传统文化的经典。他们继而从叶芝的描述出发，结合欧洲最新的政治思潮，去构造心目中爱尔兰的原型，应用到政治理想，推广给普罗大众。

“凯尔特文学”在历史上数次风靡世界，都经过这种改装—反馈的过程。10 世纪爱尔兰僧侣创作的《圣布兰登航海纪》（*The Voyage of St. Brendan*）被各国竞相传抄仿效，衍生出无数本地圣徒远航途中目睹各种奇观，见证天主的大能并坚定信仰的故事，其源头固然有爱尔兰古老的仙界历险故事的影子，主要还是基督教和古典文学的典故。12 世纪亚瑟王和圆桌骑士的传奇成为欧洲游吟诗人的必备曲目，引发了人们对不列颠诸多的浪漫想象，它源自威尔士和康沃尔的民间传说，反映的价值观（所谓“风雅爱”）和形式却完全出自法国南部。18世纪苏格兰人麦克弗森（James Macpherson）声称翻译自3世纪盖尔诗人奥辛（Oisín）作品的诗歌被视作“凯尔特文学”的瑰宝，然而最后被揭露根本就不存在什么古代底本，除了人名跟少数主题，一切都是他自己用英语创作的。这些文学在别国开花结果后，又被爱尔兰和不列颠的文人引回本土，照着他人眼中的形象重塑自己的现实。其个中的道理正如《青藏高原》在藏区的流行。我在高原的公路上常听见汽车录音机里放着《青藏高原》和其他内地“民族风”的名曲，问藏民它是不是出自传统的藏歌，他们摇头说不是，他们没听过藏民这么唱歌的，也不懂汉语的歌词，但都自豪地说“西藏的歌”好听。听众们认定了藏族的唱腔就是这个样子，为此一些少数民族艺术家还专门到内地学习。这似乎有点吊诡，但当爱尔兰人在叶芝及其他文化领袖的召唤下做着同样的事情时，却深信不疑，里面的原因很复杂。

首先，人们需要建构“爱尔兰民族”身份所需的“共同传统”，这个传统必须是草根、历史久远、不同于英国的。在精英们看来，没有谁比西海岸那些讲爱尔兰语的穷苦农民和渔夫们更少受到英国文化的“污染”、更纯粹地继承了史前的传统。他们的生活既然这样原始，在火炉边讲述的故事必定是原封不动地从祖先那里流传下来的，浸透着他们的信仰和精神。并且，精英们借用了语言学“凯尔特”的概念，彰显爱尔兰人在这片土地上的历史比英国人更为久远，因此无可争议地拥有爱尔兰的主权。然而今天我们看来这很难成立，因为简单穷苦的生活状态不意味着他们就和祖先更为接近，事实上这些地区历史上从来离文化中心非常遥远，古代爱尔兰文化的精髓都保存在城镇富庶的修道院里。这些人群只占总人口的一小部分，他们的传统怎样代表成分复杂的爱尔兰居民也很成问题。近年来考察从这些地区搜集的故事发现，部分故事的来源其实是英国和欧洲大陆，或者是人类共有的母题，跟“凯尔特精神”八竿子打不着边。

其次，叶芝塑造的爱尔兰形象与政治领袖们理想中的爱尔兰不谋而合。叶芝不赞成平民的暴力革命，希望保持一个有产精英统治的社会，但也不满城市化对传统的侵蚀。他自认为是爱尔兰人，坚定地支持爱尔兰独立，然而又和把天主教跟独立捆绑的激进党派保持距离。叶芝笔下的爱尔兰精神特质，毋宁说是叶芝自己的精神特质，称颂简单、宁静、自足、充满敬畏和神秘的生活。与之同时，独立运动领袖把现代工业城市视作新教徒和英国文化的大本营，为了划清敌我界限，鼓动农民支持，他们把爱尔兰描绘成分化的两极，其取向在首位总统和宪法起草者伊蒙·德·瓦勒拉（Eamonn De Valera）的圣帕特里克节致词中再清楚不过了：

“一个国度，她的乡村点缀着明亮舒适的家园，田野和村庄洋溢着欢乐，四处是劳作的声响，结实的孩子在嬉戏，健壮的青年在竞赛，美丽的少女在欢笑，火炉旁安详的老人分享岁月的智慧。”

尽管19世纪末爱尔兰的农民们大多想到大城市甚至美国去打工，希望家乡有铁路、电力和工厂，知识分子、教会和政治家却向他们描绘一幅保守、封闭、天然的桃花源式农业国图景，并告诉他们这样的生活才是天主教的，“爱尔兰”的。独立后半个世纪里，这种思想一直是主导，为此爱尔兰错失了不少世界市场的机遇。

再次，浪漫主义和民族国家的浪潮在欧洲尚未退却，既是对基督教秩序的反动，又是对启蒙运动代表的统一理性的挑战。前拉斐尔派（Pre-Raphaelite）和萨缪尔·弗格森（Sir Samucl Ferguson）从基督教传统外寻找非实体化、无时间性的象征，其风格对年轻时的叶芝影响颇深；埃德蒙·伯克（Edmund Burke）对自然秩序的主张又给予政治理论上的支持。浪漫主义主张“回到民族起源”，以对抗现代社会同质化的倾向，认为民俗和传统自然而高贵。它无疑为民族主义提供了极好的武器，浪漫主义作品塑造的“民族精神”常成为凝聚人们的强烈符号。叶芝勾勒的凯尔特气质格调优美，意蕴深厚，能满足人们对爱尔兰民族历史和文化底蕴的想象；他的笔调跟欧洲主流浪漫主义风格契合，能吸引和打动现代读者；同时又因为选取了非基督教的意象，绕开可能导致分裂的教派话题。不妨说，20世纪初的爱尔兰人，无论新教或天主教，都在叶芝、格雷高利夫人等创作的异教民族起源神话旗帜下认同自己是爱尔兰民族的一分子，只是因为最终教派分歧难以弥合才无法成为一个国家。

文学家和政治家一道，在20世纪之交为大部分既不讲凯尔特语言，跟中欧的古代人群又没有什么关系的爱尔兰人发明了一个“凯尔特人”的身份，在凝聚爱尔兰岛争取平权和独立的进程中发挥了极大的作用。这种身份想象甚至蔓延到爱尔兰之外。波士顿作为爱尔兰移民集中的地方，也是独立运动的重要海外根据地，爱尔兰裔老板给球队命名凯尔特人，自然也是受到民族主义构建概念的熏陶。同样，苏格兰港口城市格拉斯哥一直都不属于盖尔语区，却拥有一支名叫“凯尔特人”的足球队。而20世纪新异教和新纪元运动带来的流行文化，又使得真假参半的各种元素，像祭司、纹饰、踢踏舞等带着“凯尔特”的名字红遍全球。今天的人们欣然接受它们为爱尔兰文化的表现,并在节日作为传统民族文化展演，拿踢踏舞来说，这种起源于英格兰挤奶女工，又跟随她们传播到爱尔兰乡间的舞蹈，现在已经成了爱尔兰重要的文化徽标，《大河之舞》不仅全球巡演，还上了中国春晚的舞台。那么它到底算不算爱尔兰的传统文化？在我看来，我们固然不应陷入“凯尔特”的迷思，把它当作远古传下来的风俗；但也必须看到，“传统”不必是“古老”的，只要踢踏舞和其他文化符号已经为爱尔兰人广泛接受，融入到日常生活和对自己的认知之中，它们就是传统文化的一部分。

◊ 爱尔兰的少数民族

没看错吧？爱尔兰就四百多万人口，居然还有土生的少数民族？是的，在 2017 年，爱尔兰政府终于承认了游牧民 (Travellers) 是一个少数民族。很多爱尔兰人也感到不解：游牧民“看起来”就是爱尔兰人啊？不是说他们的祖先是克伦威尔战争（17 世纪中期）中失去土地流浪为生的爱尔兰人吗？近来的基因研究也显示，除去封闭小群体常见的“奠基者效应”和基因漂移的影响，游牧民的基因跟爱尔兰主体人群并无显著差异，都有着多样的来源。据此，2018 年总统候选人之一，富商皮彼得·凯西（Peter Casey）公开表达了他的不满：“（承认游牧民为少数民族）根本就是一派胡言，他们又不是从罗曼尼【凯西以为吉卜赛人（Roma）来自所谓的 Romany“罗曼尼”】来的！游牧民去到哪里，哪里的地产就贬值。事实就是这样，只要有几个游牧民搬到你家附近，你的房子马上就掉价了……我们的社会已经误入歧途，需要像我一样有勇气的人站出来指出事实。”

彼得·凯西跟特朗普颇有几分相似：两人都是大富商，都喜欢在电视真人秀上出风头；特别是两人都认为自己勇于说真话“戳破政治正确的肥皂泡”，屡屡发表针对少数群体和移民的激进言论。可惜两人都没有意识到（或者是明知故为），他们的“说真话”经常基于片面印象甚至是无知（比如发明了吉卜赛人的祖国“罗曼尼”！）；即使他们说的是事实，这些言论并不是纯粹的客观描述，而是带着强烈的价值判断。游牧民聚居的地方附近房价便宜是事实，然而把定居社会对游牧民的偏见，甚至把游牧民的生活状况都归咎于他们自己，仿佛身为游牧民，就带上了与生俱来的低劣和混乱，污染他们所到之地，这就是无理的歧视了。

那么这些游牧民到底是谁？其实即使是游客，也有机会跟他们擦身而过。在都柏林市中心的斯密斯·菲尔德（Smithfield），周末常有人在交易或展示马匹，他们的家人坐在旅行拖车的雨棚下喝着茶聊天；奥康纳大街上不时有一群兴高采烈的年轻女孩，穿着紧身裤和抹胸，浓妆艳抹，讲着一种听不懂的语言，这些大概就是最常见的游牧民了。在乡间他们更活跃，住在田野上的拖车里，驯养猎犬和马匹，走街串巷为人们修补管道、收买废铁；定居农场上的牲口死了，也经常是由他们来收走。以前，他们还负责补锅、拔牙、耍把戏、季节性的收割等农活，可以说他们是传统爱尔兰乡间不可缺少的流动成分。游牧群体和定居群体之间的互补互动，在中国的农牧过渡地带也有着悠久的历史。两个群体实际上是相互依存的，虽然不时有战争，定居民族其实离不开游牧民族提供的产品和服务。在爱尔兰也是一样，只是现代技术和生活方式使得定居群体越来越少地依赖游牧民，导致后者生计的衰落和前者更多的排斥。

游牧民群体是从什么时候开始形成的，今天已经没人说得清楚。他们大部分仍然住在拖车甚至帐篷里，以几个家庭为单位聚居，不时迁徙，靠手艺活、繁育家畜和打短工为生。由他们的传统职业衍生出各种称呼：补锅匠（Tinkers）、收尸人（Knackers）、流浪汉（itinerants），只不过今天这些称呼都带上了侮辱或歧视色彩。他们喜爱游牧生活的自由，有强烈的群体意识，一般只在族内通婚。他们讲有独特口音的英语、爱尔兰语或是一种混合了多种语言的“黑话”（Shelta）。如果我们不再执泥于体质、血缘的“种族”定义，而承认人们基于文化、语言、习俗或其他各种因素的自我认同为“民族”的认定标准，那么游牧民群体当之无愧为一“民族”。

在爱尔兰声称自己属于游牧民民族的人只有三万人左右，加上英国境内的一万多人，他们是一个小而分散的群体。承认他们为少数民族有助于维护他们的权益。游牧民面临着许多社会问题，最突出的就是被定居社会排挤，认为他们是小偷、骗子、流氓，到哪里就引发斗殴、犯罪和卫生问题。因此很多定居群体不允许他们在附近驻扎，餐馆、商店不让他们进入。游牧民还没被承认为少数民族之前，得不到法律的特别保护，由于没有定居地址，也不能参政议政维护自己的权利。随着数百年来赖以生存的游牧生活被现代科技边缘化，他们的生活方式跟定居群体产生了越来越多的摩擦，特别是扎营地点问题。自从 20 世纪中叶以来，地方政府年复一年地减少可供他们驻扎放牧的公共用地。诚如彼得·凯西所说，游牧民搬到一地，定居群体就认为附近都陷入了治安问题，导致房价下跌。地方政府并不去解决问题的根源，为游牧民提供更多用地，保障他们在教育、医疗和就业方面长期以来薄弱的权益，而是屈从于定居群体的偏见，通过更多的法律限制游牧民，造成游牧民得到教育和工作机会更为艰难，更多人转向犯罪和酗酒，进而坐实了定居群体的偏见，陷入了一个恶性循环。

爱尔兰政府并不是没有重视过游牧民的困境。然而在 20 世纪 60 年代，他们应对的方式却是成立了一个“流浪汉问题委员会”。这个委员会里没有一名成员来自游牧民，而是主要由警察、地方政府和定居农场主组成。也许他们的初衷和心肠是好的，但是该委员会拟定的计划毫无意外地包括以下重点目标：

1）鼓励他们融入主流社会，转为定居。

2）纠正他们游牧生活的陋习。

3）为他们建房子，将游牧民安置在定居点。

4）依法游牧，严厉惩罚未经批准进入他人地产者。

虽然游牧民一直都是爱尔兰社会的有机组成部分，委员会却视他们为扰乱秩序的异己。“融入主流社会”不过是“同化”的冠冕堂皇的说法，至于为什么需要同化，为什么不能为游牧群体设计和提供适合他们生活方式的教育、医疗和就业环境，委员们从来没有给过一个合理的解释。至于用“先进文化”来“改正陋习”，则充满了定居群体的无知和优越感。最荒谬的莫过于不跟别人打个招呼，就建好了房子送给游牧民，认为有这么好的事情，游牧民必定会屁颠屁颠跑来住吧！

2018 年还真的出过一条这样的新闻。爱尔兰经济复苏后房价高企，租金飞涨，无家可归人口逐年攀升，政府因此竭力建造更多的福利房。在这个过程中，某地方政府把游牧民也看成是无家可归者，出于好心，在游牧民集中的中部小镇卡布拉桥（Cabragh Bridge）花了一百七十多万欧元建了一排现代化的美观住房，好让附近常驻的几个游牧家庭“有家可归”。出乎大家的意料，这些游牧者并没有感激涕零，而是拒绝搬进有水有电的、带后花园的四居室小洋房，继续住在路对面他们的拖车里。消息传开，不少人都在骂这些游牧民忘恩负义，特别是在沉重的房贷租金下艰难度日的城市居民纷纷表示：不要就送给我好了！

他们自己怎么说呢？其中一位游牧民向记者表示，自己也很无奈。不能住进去的原因是他几十年来都在养马，平时出行和运货也要靠马，那些洋房好是好，可是不配马厩和草场，现在养着的一群马怎么办？将来自己靠什么过活？

前文提到的彼得·凯西借此大做文章，谴责游牧民得寸进尺，有了房子还要马厩，不懂体谅无家可归者天天盼望有瓦遮头的心情。游牧民为什么就不能卖掉马群，像主流社会一样找个工作，朝九晚五？为什么不能像个“正常人”一样？一位游牧民指出，游牧生活方式是他们的文化之所系，离开了畜群定居下来，他们的身份认同就不复存在，社群文化就此断绝。他们跟政府十几年前的协议里规定，如果希望他们定居，每栋房子需配两个马厩和至少两千平方米的草场，现在政府突然说建好了房子让他们去住，却没有考虑他们的生活方式。

可能有的读者觉得他们矫情，人家既然都白送房子了，就从了吧，不就是换个活法么，文化和身份能当饭吃吗？彼得·凯西也是这么想的，所以才有开头的一番议论，觉得给游牧民少数民族身份只会更加“惯坏”他们，好像说这群人为了索要好处，凭空捏造了一个“民族”身份，罔顾长期以来定居群体一直就把游牧民当作“非我族类”区别对待。其实，这个事件中的游牧民还的确是清醒的。反对强行斩断社群生活方式和文化的传承，这真的不是矫情。世界各地都有过先例，稍微温和的有老城改造、牧民定居，更加剧烈的有现代文明与部落接触，甚至像澳大利亚曾实行过的，把土著孩子强行送去寄宿学校接受西式教育。在这些过程中，生活方式的突然转变、传统文化的断裂，造成了无数的“失落一代”和社会问题：成年人无以为生，依赖福利之外就是酗酒度日；儿童跟家长无法交流，缺乏关爱和抚养；传统的社区伦理不再有效，年轻人多陷入犯罪泥潭。游牧民群体由于长期的边缘化已经显现出很多问题，要是一厢情愿地相信把他们变为定居就能让他们过上“正常”生活，解决社会问题，那未免是太天真了。游牧民面临的困境，也是世界上许多少数族裔面临的困境。彼得·凯西因为其对游牧民的不当言论被大众口诛笔伐，最后退出参选总统，至少说明我们尚能在大是大非上保持清醒，然而爱尔兰要改善少数民族的生活，促进社会平等，保持多样化的同时增强族群间的凝聚力，还有很长的路要走。

三

圣徒保佑您！

学习任何一种语言的学生都要从最基本的日常对话开始，而其中见面问候语不仅是最基本的，而且往往充分折射出该语言背后文化的韵味。不妨说，有多少种文化，就有多少出人意料的问候方式。汉语的“吃了吗？”一语点破民以食为天的国情，早已为“老外”们所熟知；印地语的Namaste（向您谦卑地躬身）象征着等级森严的印度社会；而阿拉伯语和希伯来语的Salaam/Shalom（平安）则根植于犹太—伊斯兰宗教仪礼。但恐怕没有哪一种语言在日常问候的时候像爱尔兰语那样以一种累赘的方式浸满了独特的基督教色彩。

爱尔兰语第一课，老师教学生们见面问好要说：

Dia duit!（上帝保佑你！）

回答是：Dia's Muire duit！（上帝和圣母马利亚保佑你！）

那如果一方先说：Dia's Muire duit 呢？

回答是：Dia's Muire duit, is Pádraig！（上帝、圣母和圣帕特里克保佑你！）

这两种对话都很常见。然而不依不饶的学生会问：如果一方先说 Dia' s Muire duit, is Pádraig 呢？

聪明、悠闲的爱尔兰人自有应对，他会回答：Dia's Muire duit, is Pádraig, is Bríd!（上帝、圣母、圣帕特里克和圣布里特保佑你！）

这个名单还可以继续下去：首先是三大主保圣人的最后一位圣克伦基尔，然后有圣彼特、圣约翰……反正根据爱尔兰9世纪的一部诗体杰作，（*Félire Oengusso*《埃古斯圣历》），一年里每一天都安排为一位圣徒纪念，就已经有365位圣人，一千年来，这个名单肯定只有见长吧！英国人一直讽刺爱尔兰人宗教节日多如牛毛，看来的确事出有据。

如此直白的宗教用语成为人们，甚至是现代不再信教的人们口头常用的问候，可见基督教传统在爱尔兰根基之深厚，影响之广泛。的确，基督教不仅催生了中世纪的爱尔兰，它（包括后来分化出的新教和天主教）还是一系列塑造现代爱尔兰共和国的事件中最关键的因素。那么，基督教和书写文明是怎样来到爱尔兰的？

◊ 奴隶圣人

圣帕特里克（St. Patrick, Naomh Pádraig）从一千五百年前起就已经是爱尔兰的化身。以他命名的教堂和街道遍布全爱尔兰，他的雕像随处可见，还有纪念他忌日的圣帕特里克节作为全国公共假期，然而他是个大海对岸的英国人，更确切地说，是个生长于不列颠岛的罗马人。

帕特里克（拉丁文：Patricius）毫无疑问是个罗马名字，从“父亲”pater 一词衍生而来。但是这个名字在罗马帝国的核心地区并不常见，我们知道所有叫帕特里克的人几乎全部来自不列颠和高卢，圣帕特里克就是其中之一。根据现存的两篇由他写作的短文《自白书》（*Confessio*）和《致柯罗提库斯军团的信》（*Epistola ad Milites Corotici*），他于公元 387 年左右出生在不列颠中北部的一个叫 Bannavem Taburniae（或者 Bennaventa Berniae）的村庄，虽然是神职人员的孩子，他起初并不很把信仰当回事：

“我的名字是帕特里克，我是一个罪人，一介愚钝村民，所有虔信者里最渺小的一个。我的父亲是卡尔波尼乌斯

（Calpornius），一位教堂执事；他的父亲是坡提图斯（Potitus），一位牧师。他的家离我被掳为奴之处不远。那是在我十六岁那一年，我还不认识真正的主。我同成百上千人一同被抓走运往爱尔兰，但是我们应受此难，因为我们背离了主，不按他的训喻生活。”（《自白书》第一节）

圣帕特里克一家作为罗马公民至少在不列颠生活了三代。在他的年代，曾经盛极一时的罗马帝国已呈颓相。皇帝、僭主和将领之间混战不休，哥特人、匈人和汪达尔人屡屡侵犯帝国边境，并在410年洗劫了罗马城。在不列颠，长期被压制在哈德良长城北面的皮克特人开始蠢蠢欲动；而爱尔兰的异教徒也瞅准了罗马不列颠防卫空虚的机会，不断骚扰劫掠不列颠沿岸，还在威尔士西南建立了殖民地，正如五百年后维京海盗们对他们所做的一样。少年帕特里克就此流落异乡，被卖为奴，在荒凉的爱尔兰海岸边放羊。应该说爱尔兰人对奴隶还是蛮好的，没有笞枷加身或派到矿下去挖煤，而是在我们想象中如诗如画的青翠田园里悠闲地游荡。但事实上他应该是风餐露宿，食不果腹，正是在这段凄苦的岁月里帕特里克声称自己终日思索上帝的真理，坚定了基督教信仰，并在六年之后按照上帝的启示乘船逃离爱尔兰回到家乡。在回去的船上，爱尔兰水手要求他按照古老的仪式宣誓效忠，即吸吮主人的面颊和乳头，这个情节我们以后还会在一个非常有趣的关于小矮妖的故事里读到。

过了几年，有一晚他看见一幅幻象：一个人带着大堆的信件从爱尔兰来找他。他打开一封，上面写的是《爱尔兰人民的呼声》："他们的呼喊汇成同一个声音：'我们恳求你，神圣的男孩，来行走在我们中间！'"（《自白书》第 23 节）这一段跟现代的各种政治神话何其相似！圣帕特里克天生有政治家的智慧，他深知在那个动乱的年代，传播信仰不仅仅要通过人民群众喜闻乐见的精神文明建设，更加是权力的博弈，政治的较量。我们可以通过几个故事来看圣帕特里克在短时间内成功地使爱尔兰大部分皈依的秘诀。

◊ 大仙斗法

第一个故事出自穆尔虎（Muirchú，意为"海狗"）在 7 世纪用拉丁文写的圣帕特里克生平。圣帕特里克的传教活动引起了掌握大权的本地祭司（druid）的不满，当圣帕特里克来到爱尔兰最高国王的驻地塔拉时，他们向他提出挑战。其中一个祭司往圣帕特里克的酒杯里下了毒，但圣帕特里克祝福了酒，把那滴毒液冻住倒出来，然后喝下了完好如初的酒。

另一个祭司通过咒语让天空下起大雪，以此较量圣帕特里克支配天气的本领。圣帕特里克说："很厉害，现在把雪移走吧！"祭司说他的咒语一旦生效，24 小时内不能撤销。圣帕特里克说："看，你的能耐只能干坏事，却不能做有益的事，我的就不一样了。"说着，法力使出，天空顿时晴朗无云，积雪全部消失。接着他们又比赛烈火考验，让一个祭司穿着帕特里克的法袍，帕特里克的一个随从穿着祭司的衣服呆在熊熊燃烧的房子里。结果祭司和随从身上的衣服被烧成了灰烬，帕特里克的法袍和随从却完好无损。（这一段是不是让中国读者们想起了《西游记》里虎力大仙的章节？）国王勃然大怒，因为他的祭司被烧死了。帕特里克威胁他说："如果你不接受我的信仰，你马上就会丧命；天主的愤怒已经降临在你头上！"国王和人民目睹了帕特里克的神力，吓得面无血色，只好乖乖接受。

穆尔虎看来有些吹嘘过头，在同时代提勒翰（Tírechán）的另一篇传记里，圣帕特里克只不过在异教徒庆祝节日的山顶燃起了复活节的篝火，借以挑战祭司们的权威，因为在神圣的山顶点燃火堆是祭司们牢牢掌握的特权。然而即使圣帕特里克在随后的对决里完胜祭司，国王莱伽尔（Loegaire）仍然拒绝皈依，他说："我父亲尼尔不会允许我接受基督教，他的遗命让我竖立葬在塔拉的山坡上，像战斗中的男子汉一样站直面朝我们世代的敌人的方向，捍卫王国直到永远。”这一传统在中世纪威尔士的马比诺吉（Mabinogi）故事《白鸦》（*Branwen*）中得到了呼应，李尔 (Llyr) 之子本迪盖德福兰（Bendigeidfran）嘱咐部下把自己的头颅埋在伦敦，面朝海峡对岸，只要头颅还在一日，盎格鲁 - 萨克逊人就不会入侵。传说埋葬头颅的地方就在现在的伦敦塔底下，后来被好奇的亚瑟王挖出来了，显然亚瑟王无意中当了英国殖民者的帮凶。

尽管夸张，这两个故事却展示了圣帕特里克传教初期的首要方法：直接针对统治阶层，因为他们决定了底层民众的信仰，这样做甚为快捷和稳固；占据有神圣意义的地点和仪式挑战既有信仰的核心，径直摧毁敌对信仰的象征；通过公开的神迹，有时候是法术的演示，压倒旧信仰的捍卫者从而使他们名誉扫地，不再被人们信服；必要时，要利用人们的恐惧。

圣人的传记作家们并没有给我们提供多少异教的具体信息（也就是现代所说的德鲁伊教，从爱尔兰语和高卢语“祭司”[druid] 一词而来），可能是因为他们不屑于这么做，也可能出于害怕读者被异端邪说的光怪陆离所吸引却忘记了研读圣人生平的本意。但是出于偶然，穆尔虎记录了一首滑稽的打油诗，生动地刻画了异教祭司眼中正在布道的圣帕特里克：

锛脑壳越海而来，（说的是他头顶剃光的发式）

脑袋瓜异想天开，（指的当然是基督教了）

他的袍子脖颈开洞，（法袍，相对于一幅长布裹成的爱尔兰式衣服的确新奇）

他的手杖弯弯如钩。（牧杖）

他念经胡言乱语，（他贬斥祭司的宗教，用的是听不懂的拉丁文）

站在屋前方桌旁，（教堂和祭坛）

所有随从跟着念：

“好嘛，好嘛。”（拉丁文是 Amen，即阿门，阿门；但祭司们不懂拉丁文，听成了爱尔兰语的 amin，即好嘛，好嘛。）

◊ 立法者圣帕特里克

一旦成功地争取到了统治阶层的支持，树立了威信，圣帕特里克的策略马上有所转变。自己作为一个异乡人，不能再跟贵族和祭司们完全对立，否则不仅会引来杀身之祸，还会危及立足未稳的新宗教。他首先争取到了同情或向往新宗教的旧祭司和贵族的帮助，给他们施洗礼；然后利用国王的权威进行了一系列大动作：巡游爱尔兰，到处展示神迹，从国王处拿到土地建立教堂和修道院，据说还主持颁布了爱尔兰最早的一部法律汇编《伟大传统》（*Senchas Már*）。

久远不可考的历史变成了传说，而传说又演变为神话。神话虽然也许无益于追求完整真相的人，它本身却是真相的一部分，因为人们相信它，受它指引行事，并把自己的生命经历和时代思潮投射到神话之中。在游历爱尔兰文化的过程中，神话和现实的关系这个主题会一再出现。略览这篇故事有助于让我们了解除了寥寥可数的史实和离奇的神迹之外，圣帕特里克是如何激发和吸引了围绕他的生平不断增长的故事，最终上升为爱尔兰民族宗教的象征的。

序言续接着7世纪两部生平的线索，叙述在全体皈依以后，圣帕特里克通过国王召集了爱尔兰的精英们商讨在新宗教下如何规范他们的习惯和法律。在面见圣帕特里克之前国王问其中一位智者：“你觉得新信仰里最难理解的是什么？”智者回答：“是关于宽恕的律法。按照他的说法，如果人们应当宽恕侵犯他们的人，那岂不是大家都肆无忌惮地欺负别人？”他们商量了一会，决定要测试圣帕特里克是否真的坚持他的信条。他们要当着他的面杀害一个他手下的人，看他会不会真的宽恕凶手。

他们找了一个武士，在圣帕特里克面前杀死了他的随从。圣帕特里克凝视上天，低声祈祷，忽然大地震颤，巨响滚滚，人们都倒伏在地，恐惧不已，向圣帕特里克乞求原谅。他指派国王的诗人杜夫萨赫（Dubthach），“盛满圣灵的容器”作裁决。杜夫萨赫很为难，如果他说国王不该赔偿圣帕特里克，就违反了爱尔兰人的法律，圣人的荣誉就会受到冒犯；但如果应该赔偿，似乎又违背了基督和福音书的教诲。圣帕特里克为他的嘴唇祝福，鼓励他说圣灵会通过他的嘴说出真理。最终他提交了判决：罪犯按照世俗法律要被处死，但是他的灵魂将得到宽恕上天堂。这个传说很可能是基于圣帕特里克面临的真实两难处境，而圣人灵活地给出了一个妥善安排，完美地解决了世俗和神圣之间的冲突：恺撒的归恺撒，上帝的归上帝；对灵魂要永怀宽恕拯救之心，但犯罪必然要受惩罚。

圣帕特里克的智慧让人们折服，他们提议让杜夫萨赫把通行的判例、诗歌和法律——这三者密不可分——吟诵给圣帕特里克听。圣帕特里克组建了一个九人委员会：包括他自己的三位主教、三位国王和三位智者合作修改法律。合作，而不是对抗，成为这一阶段圣帕特里克的原则。杜夫萨赫被比作旧约里的先知，而圣帕特里克俨然扮演了审判者基督的角色：凡是不符合上帝律法和新约的旧俗一概废除，剩下的“自然法”如同罗马前基督教时代的法律一样予以保留，另外加进关于教会和王国关系的立法，便成了《伟大传统》。圣帕特里克接着废弃了祭司阶层的司法特权，让每个人都可了解法律，成为法官；并明确将司法解释的最高权威置于通晓“洁白语言”即圣经的教士手中。这一系列大刀阔斧的改革从根本上确立了基督教的统治地位，但又保证社会秩序仍大体按原来的规范运行，实在是了不起的举措。当然，这篇序言记载的不尽是史实，但是圣帕特里克必然开创了这项事业并且遵循相似的途径，而且他的革命性构思在之后的短时间内迅速地得到了实现。序言把几代人根据圣帕特里克所立基业的不懈努力描述为由他一人独立完成，并且把一部统一的、全爱尔兰通行的法律归功于圣帕特里克，既赋予了这部法律汇编在宗教上的合法性，更是延伸了圣帕特里克声名所覆盖的范围——他不仅是主保圣人，还是爱尔兰的立法者，自古以来四分五裂的爱尔兰大小邦国现在首次找到了一个强有力的、统一的身份象征，“爱尔兰人”的民族意识开始成形。

据传圣帕特里克还为爱尔兰驱走了一切有毒丑恶的爬虫，所以直至今日爱尔兰岛上没有蛇和蟾蜍，每个爱尔兰人都会告诉你这是圣人的护佑。事实是冰川时代爱尔兰因为很

△ 盛放圣帕特里克之铃的圣物匣

早与大陆隔绝，蛇类无法渡海到达。另外在都柏林的国家博物馆保存着一口据说是圣帕特里克使用过的铁铃，被放置在一个精工细琢的圣物匣里，非常值得一看。无论各种关于圣帕特里克的故事是真是假，他的传教都成果斐然，到公元 600 年，即他逝世后不到两个世纪，基督教已经在爱尔兰被广泛接受，教堂和修道院蓬勃发展，爱尔兰不可逆转地进入了基督教时代。今天爱尔兰最重要的节日之一就是 3 月 17 日的圣帕特里克节，为纪念他的忌日而设。

◊ 读书人的事，不算偷！

圣帕特里克的传教方针，即与贵族和本土知识分子合作，该方针在随后的世纪中被坚持了下来，还得到了新的发展。圣帕特里克作为异国人氏，按照当时的爱尔兰法律是没有任何身份和权利的，他只能靠神迹和知识的威力去说服国王和祭司们服从他的领导。但是他留下的一批最先皈依基督教的本土知识分子和贵族成为他所开创事业的宝贵遗产。一百年后，一位出身于王族的僧侣敏锐地抓住了王朝兴起的契机，利用自己的血缘关系争取到有利的政治支持，将王权和教会紧紧捆绑在一起，自此大大加固了教会的力量。他就是圣克伦基尔（Columb Cille，意为“教堂之鸽”）。

尽管围绕着圣克伦基尔的神话一样迷雾重重，我们很幸运地拥有一份由他的继任者也是亲戚阿多南（Adomnán）于公元700年左右用拉丁文写的一份颇具史家风范的生平。圣克伦基尔原名可能是Crimthann，一个古老的爱尔兰名字，意为“狐狸”或“狡猾的人”，从他的生平看来，这个名字倒也贴切。他大约出生于公元520年，是奥尼尔（Uí Néill）家族北支康纳尔族（Cenél Conaill）的一员。

在他生活的时期，奥尼尔部族从爱尔兰西北部崛起，开始形成固定的王朝继承体制，将有权继承王位的男性限定在少数几个家族里，而不是像更早以前从全部落成年自由民中选出。圣克伦基尔很幸运地属于这几个王室家族之一。这位出身显赫的青年师从当时最有名的几位基督教学者，很快便小有名气。若非他选择了僧侣生活，他或许有可能成为威名赫赫的国王，但绝对不会像作为僧侣的他那样对爱尔兰的历史走向影响如此深远。奥尼尔部族奉传说中的国王“有九位人质的尼尔”（Niall Noígiallach）为王室分支的共同始祖，虽分为大小十数个独立王国，却大致分为南北两支。王朝继承体系一定程度上减少了以往部族为王位的内讧，也使得财富和权力不至于因为过度流转而遭受损失，因此奥尼尔部族从名不见经传通过扩张和联姻一跃成为爱尔兰最强大的王国联盟，而圣克伦基尔年轻时恰好见证了一场决定性的战役，即德雷富涅山脊（Cúl Dreimne）之战（公元 561 年），北部奥尼尔联盟击溃了南部奥尼尔的国王科尔瓦尔之子哲尔默德（Diarmait mac Cerbaill）。

传说这场战争是由历史上最早有记载的一次版权纠纷诱发的，其罪魁祸首正是圣克伦基尔。他在圣芬尼安（St. Finnian）手下学习时看到一部精美的圣咏经，于是偷偷抄写了一份。这部抄本可能就是现存于都柏林皇家爱尔兰学会展览室的卡萨赫（Cathach）手稿。他这一来可惹怒了老师，因为在中世纪，书是不能随便抄的，拥有一份精美的手稿不仅为修道院的名声增光，还可以通过吸引参观的信徒和学习的僧侣赚取收入，甚至得到慷慨的领主捐赠土地。另一份抄本的存在意味着竞争，利润可不止减半——现在哪一份都不是唯一的了。圣芬尼安向哲尔默德提出诉讼，国王裁决："母牛生下的牛犊属于母牛的主人，所以抄本属于原本的主人。"圣克伦基尔不愿交出抄本，"读书人的事，能算偷么？"双方便鼓动各自的领主发动了战争。

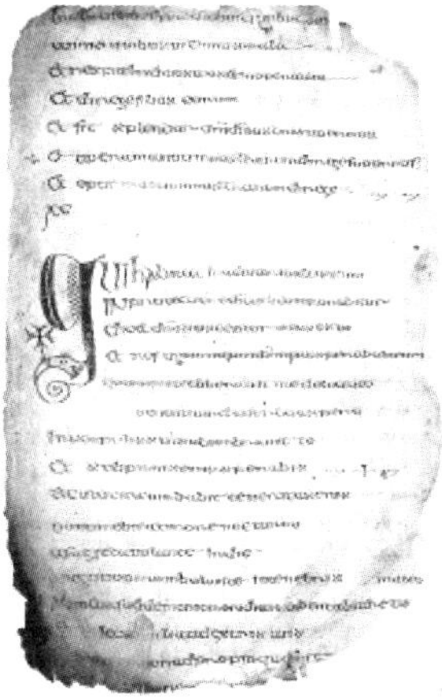

△ 传说圣克伦基尔连夜偷偷抄下的Cathach手稿。皇家爱尔兰学会藏。从页面中间开始，流畅漂亮的海岛大写体写的是圣咏（诗篇）第90首：Qui habitat in adiutorio altissimi…

◊ 风浪中的明灯——爱奥纳

圣克伦基尔在战斗中为己方祈祷，蒙天主眷顾使自己的家族取得胜利，但事后又因为看到人们相互残杀而悔恨不已，于是自我流放到苏格兰西海岸的爱奥纳岛（Iona, 爱尔兰语 Inis Í），一个荒凉贫瘠的小岛，发愿要使与战争中死者同样多数目的人皈依正途。

爱奥纳岛即使在现代也不容易访问。它坐落在莫尔岛（Mull）的西边，终年被汹涌的海浪包围，不啻英国的天涯海角。这座多岩的小岛仅有 3.55 平方公里，然而圣克伦基尔不仅在其上建立了一座充满生气的修道院，还让它蜚声海外，成为那个动荡年代全欧洲知识和信仰的灯塔。

魔鬼惧怕他，
他的弥撒是妖魔的绞索。
因他精深的学识，律法严整，
人们记住罗马，认识秩序，
他蒙福理解上帝。

△ 爱奥纳岛鸟瞰

……

他践行良善，超越仇恨，

这导师纺织话语，

用智慧厘清注释。

他订正赞美诗，

他宣扬律法之书。

——《克伦基尔颂》（*Amra Coluimb Chille*），据称为达兰·佛噶尔（Dallán Forgaill）作于公元600年左右克伦基尔逝世时。

6世纪的欧洲大陆正处于罗马崩溃后的混乱状态，道路失修，国家解体，原本为罗马守卫边疆的蛮族士兵们见有机可乘，纷纷倒过来率领各自的部落占据罗马留下的政治和领土真空。法兰克人、哥特人、汪达尔人和伦巴第人长驱直入，免不了劫掠甚至屠杀原住本地的罗马人或罗马化的高卢人和意大利人。欧洲的民族格局被重新洗牌，史称大迁徙时代。从长远看来，这是一个动乱不堪但是生机勃勃的过程，长期被压制在罗马阴影下的各个民族仿佛一夜之间跃上历史舞台，有的如同昙花一现很快解体消亡，但有的作为一个整体生存下来并决定了之后欧洲的历史走向。他们摆脱了五百年来占统治地位的罗马话语霸权，用自己的语言称呼自己的族名和神　，亲兵制、封建制、习惯法等古老的制度以崭新的面貌出现，荡气回肠的英雄史诗为人传唱。连向爱尔兰传播基督教的不列颠也不能幸免：彼时从德国和丹麦海岸前来的盎格鲁 - 萨克逊人正杀得不列颠人节节败退，龟缩于偏远的西部山区。在躲过了这场风暴的爱尔兰僧侣们看来，欧洲所经历的无疑是一场野蛮的灾难，罗马所代表的基督教文明被异教蛮族前所未有地挫败，人类倒退到了黑暗时代——我们时代的不少历史教科书是这样宣扬的。所以圣克伦基尔在爱奥纳岛上研修传授的拉丁语文、神学理论以及早期教父著作，如上面的挽诗里所歌颂的，是风雨飘摇的基督教世界最后一盏明灯，从这里出发的传教士在爱尔兰全岛甚至欧洲各处仿效爱奥纳的制度重新建立修道院，拾起正统信仰，例如英格兰东岸的林迪斯法恩（Lindisfarne）修道院，由爱奥纳僧侣圣埃丹（St. Aidan）应诺森伯兰国王邀请所建，在英格兰教会史上占有举足轻重的地位；还有意大利北部的博比奥（Bobbio）修道院，瑞士的圣加伦（St. Gall）等，都是中世纪声名远播的知识中心。当然，圣克伦基尔的目的虽然高尚，其结果却不只是传播了福音。修道院是一项神圣与世俗并重的事业，每在一处建立高墙围绕的修道院，聚居的人口就会提供工作吸引工匠、商人前来；农民愿意在修道院附近租田耕种，因为它不仅为灵魂提供服务，作为一个要塞还在战乱时庇护周边人口，并且在丰年时到市集售卖余粮变得容易，荒年时也可以依靠僧侣的救济。修道院很快地成为一个地区的商业和政治中心，拥有巨大经济实力，奥尼尔国王们非常乐于看到自己王室的成员在各地控制这些据点。爱尔兰文化作为知识的载体在欧洲得到推崇，形成了我们现在所说的“软实力”，各地学生慕名前来爱尔兰的修道院留学，连北英格兰诺森伯兰的国王阿尔德弗里斯（Aldfrith）也给自己起了爱尔兰名字弗兰·芬那（Flann Fína），用爱尔兰语写诗，爱尔兰风头一时无两。

圣克伦基尔成功之处在于他仿效爱尔兰的世俗政治制度建立起一套行之有效的管理修道院的方法，正如罗马教会的组织仿效了帝国结构一样。当蛮族把持的罗马和纷争不断的本地诸王无力支持一套复杂的、由主教和牧师组成的神职系统时，他认为有志于服务上帝者应该聚居起来，自我管理，自给自足；在这个封闭群体里院长应当有完全的最高权威，包括指定继任者的权力，而院长一职基本上被掌握在圣克伦基尔自己的亲族手中，以倚靠奥尼尔王朝的庇护；派出的传教士在其他地方建立的修道院隶属于爱奥纳，由爱奥纳指派其院长和决定其重要事务，这样就保证了整个爱奥纳系统（familia）在教规、人事和财政上的统一。这一制度成为之后七百年内爱尔兰基督教会

△ 同样独具特色的干垒石板修道士小屋，凯里郡

的模板，也就是现在人们通常所说的“凯尔特教会特色”。

圣克伦基尔虽生活在偏远的爱奥纳岛，却从未远离过世俗政治。他主持调停了他的亲戚，国王艾斯（Áed mac Ainmerech）和他的领主，苏格兰的爱尔兰殖民地国王艾丹（Áedán mac Gabráin）之间的管辖权争端；爱奥纳的僧侣从建立初期就开始在年历的间隙记下当年爱尔兰及不列颠所发生的大事，尤其是战争，从而产生了爱尔兰最早的编年史。圣克伦基尔的继任者及传记作者阿多南召集爱尔兰、苏格兰和萨克逊的国王和主教们于 697 年制订了可能是世界上最早的专门保护非交战人员，尤其是妇女、儿童和教士的法律《非战斗人员法》（*Lex Innocentium*，又称《阿多南法》，*Cáin Adomnáin*）。这部法律具有划时代的意义，因为它首次系统规定了不得强迫妇女、儿童及教士参战的原则，用极重的刑罚处置强奸、杀害妇女等罪行。教会的积极调解和约束使一些战争得以避免，也减少了对无辜者的伤害。爱奥纳的财富、学识和声望如日中天，使它敢于在复活节日期之争中对抗罗马教皇的改革（457 年），坚持沿用传统的计算方法定下复活节庆祝日期直至 716 年。爱奥纳开创的高度独立自主的修道院制度保证了基督教在爱尔兰的繁荣，却在诺曼入侵后成为渴求中央集权的历任英王的眼中钉，在亨利八世的宗教改革中首当其冲，教会田产被没收充公重新分配给英国贵族，英格兰派出的主教把持了爱尔兰的宗教权威。不夸张地说，后来爱尔兰和英国之间，天主教徒和新教徒之间的恩恩怨怨，早在克伦基尔时代就已经埋下种子。

◊ 凯尔经的秘密

爱奥纳还有一项了不起的成就，今天全世界的人们都在为其啧啧赞叹。凯尔经（the Book of Kells）现藏都柏林圣三一学院图书馆，是人类创作的最精致华丽的手稿之一，也是爱尔兰骄傲的民族象征。

文学和历史上来说它价值不大，因为它不过是一部装帧精美的拉丁文福音书；但它在艺术上的成就是极为惊人的。这部中世纪爱尔兰书写绘画艺术的巅峰之作大约制作于9世纪初，由340对页（folio）高级小牛皮订成，在精心抄写的文字间隙采用大量的基督教意象（iconography）以及繁复无比的传统纹饰，偶尔辅以生动的社会场景和动物形象，例如两个正在互相撕扯对方胡须的男人或一只全神贯

△ 凯尔经 Fol. 292r，《约翰福音》开头：“太初有道”（In principio erat verbum），看出来开头的 INP 三个字母了吗？

注捕鼠的猫。所有首字母都被抽象成缠绕的花纹，纹路中又填满了更细的纹饰，有一些细若纤毫，用放大镜才能看清楚，几乎没有一个首字母是同样的。此外还有十页全页的彩绘插图。可以想象为了制作这本书，爱奥纳的僧侣们是如何不计工本和时间，所用的一些颜料如天青色甚至来自万里之外的阿富汗。也许这亦是出于圣克伦基尔当初抄书同样的动机：最好的手稿造就最好的修道院。虽然叫作凯尔经，这本手稿很可能最初是在爱奥纳制作的，为了逃避维京海盗日益频繁的劫掠，同其他圣物财宝一起被带到爱奥纳系统在爱尔兰中部的凯尔修道院。2009 年爱尔兰拍了一部动画片《凯尔经的秘密》（*The Secret of Kells*），充满了梦幻的情节和华美的画面，凯尔经风格的纹饰像水墨画一般融化在森林的线条里，其故事就是基于手稿的这段早期流浪。我们可以考据当时的僧侣们所用的工具，还原一个简陋的中世纪抄写室（Scriptorium），甚至像动画片一样想象林中精灵带来神奇的宝物助年轻画家一臂之力，但是永远无法确切地知道那些无名的艺术家们脑海中有着怎样一个色彩斑斓的世界，他们那无尽的宝库中我们无缘得见就已永远失落了的又有多少。

8 世纪末，海上出现了一股可怕的力量，席卷整个欧洲沿岸，从未见过的高大武士乘坐一种饰有龙头的长船忽然而至，不由分说地烧杀抢劫，对基督和文明毫无敬意，修道院几个世纪积累的财富反而使得僧侣们成为他们的首要目标：银质圣器、丝绸法袍、镀金手稿封面、祭坛上镶的宝石……他们是来自斯堪的纳维亚峡湾的维京人，此时仍然信仰他们自己古老的宗教。爱奥纳面积狭小，四面临海，无险可守，屡经劫难后其作为欧洲首屈一指文化中心的辉煌就此终结，僧侣们四散逃难。一位9世纪中叶住在现瑞士圣加伦修道院的爱尔兰修士在手稿的白边上写下一首诗。他或许就来自爱奥纳岛。尽管自己已身在内陆，在狂风呼啸的夜晚想起了那个他度过一生中最美好时光的岩壁陡峭的小岛，仍时时担心它再次受到维京海盗的洗劫，于是他在注释拉丁福音书的间隙随手涂下所感。

Is acher in gaíth innocht,
Fu-fúasna fairgge findfholt
Ni-ágor réimm mora minn
Dond láechraid lainn úa Lothlind.

今夜寒风锋锐，
激荡大海雪鬃，

△　Ballycotton 十字架胸针

不惧凶悍维京武士
正乘风平浪静而来。

所幸的是，圣克伦基尔所建立的制度在灾难面前显示出它的坚韧，财富虽然损失甚巨，大部分肩负文明传承使命的僧侣安全撤到爱尔兰岛上其他修道院，继续孜孜不倦地传道赐福。爱尔兰基督教的故事还在延续，而且充满活力。修道院僧侣将许多前基督教时代的传说和人物跟基督教信仰融合在一起，写下了不朽的爱尔兰文学篇章；他们对待同时期其他宗教的态度也并非完全拒斥：大英博物馆藏品中有一件出自 8 到 9 世纪爱尔兰南部的精美十字架胸针，其中心位置的玻璃上用阿拉伯文刻着伊斯兰的Bismillah祷语，即“奉真主之名”，古兰经中除第九章外每一章的第一句。这件胸针对于现代那些把宗教身份认同看得比一切都高的人，以及那些鼓吹仇恨和不宽容的人，都是一盆很好的冷水——在所谓的“黑暗中世纪”，宗教之间不仅可以共存，更能够相互理解和学习。

◊ 文字的魔力

基督教给爱尔兰带来许多革新，不仅有器物上的，还有制度上的。然而若论及对后世意义深远，首要应当提及的是文字。

并非所有语言都有文字，作为一种持久载体上的符号系统，文字产生于人们对记录历史（包括真实历史和神话）和远距离交流的需求。文字的首次出现在每个社会都会引发惊讶和敬畏：“那块石头会说话！”但发明文字之后，在很多早期社会里这些需求一般仅存在于极少数人，尤其是占统治地位的阶层。祭司们需要占卜、记事和掌握来自国土各方的消息，农民们在日常生活中则没有必要使用文字。甚至在文字久已有之但是识字率不高的社会，例如古代埃及或古代中国，掌握文字的秘密也往往被视作一种高人一等的力量，识字者因而拥有人们的尊敬和特权。我们知道欧洲大部分书写系统都最终溯源自闪米特人发明的文字，希腊人从腓尼基那里学来，罗马人、伊特鲁里亚人和斯拉夫人加以改进成为各自的文字,西北欧的如尼文很可能也是基于希腊文字设计的。拉丁文字和斯拉夫文字历经改造，成为现代欧洲绝大多数民族拼写自己语言的工具。

传说中圣帕特里克带来了基督教和与之相关的一切事物，但爱尔兰人却从来没有把文字归功于他。因为他们知道自己早就有一种独特的文字，虽然这也是基督教影响下的产物。

参观大英博物馆的人们通常直奔馆藏里最珍贵庞大的埃及和希腊展厅。在埃及展厅的门边孤零零地站着一块长条砂岩，上面有一些凿出的痕迹，但经过岁月侵蚀看起来什么也不是。我不止一次听见冲向罗塞塔石碑的游客经过时奇怪地问身边的人：“这是什么玩意？放在这里干什么？”可惜，他们在埃及厅里大饱眼福之后，通常不会有心情和工夫回头去仔细读读砂岩底下的小铭牌。不能怪他们，因为人们眼中的文明往往只有一种模式：宏伟的公共建筑，栩栩如生的大理石雕像，精雕细琢的生活用具，城邦政治生活；这块粗糙风化石头上的模糊凿痕，最多只是蒙昧民族的随手涂鸦，根本无法跟希腊人的伟大成就相比，也就不值得花时间看。可

△ 科克大学学院所藏欧甘石之一，铭文：C[A]SSITT[A]S MAQI MU[CO]I CALLITI

是他们忘记了文明的其他面貌，一种文明的发展程度不仅仅体现在对特定器物的加工技术上，如果他们深入了解这块被称作“欧甘石”（Ogham Stone）的石头背后的故事，说不定会对什么是文明有更深的反思。

说欧甘石完全不被大众了解，那也不公道。欧甘文 (the Ogham script) 经过前些年凯尔特流行文化和新异教的传播，西欧人多多少少有个概念这是一种古老的文字，但真正见过刻着欧甘文的石头的人为数寥寥，甚至每年上百万造访大英博物馆的游客，也浑然不知自己曾与一块欧甘石就在必游的埃及厅门口擦肩而过。像北欧如尼文一样，欧甘文在流行文化的传播中被裹上了来历不明的神话，被新异教奉为与基督教对立的符号。最流行的一个说法是每一个欧甘文字母的名字都是一种树，体现了古代异教崇拜自然和大地，与万物和谐相处的信仰，凯尔特族德鲁伊祭司用它来秘密对抗基督教和罗马，因此新异教使用欧甘文也体现了其环保主义回归自然的主张云云。

那么究竟欧甘文是怎样的呢？实质而言它是一种拼音文字，由方向、长短和数量不等的刻痕组成，各个字母通过中心的一条直线联结，沿着高 1-3 米的立石边缘从下至上再向下凿刻，用于书写爱尔兰语的一种原始形式，一般记录着个

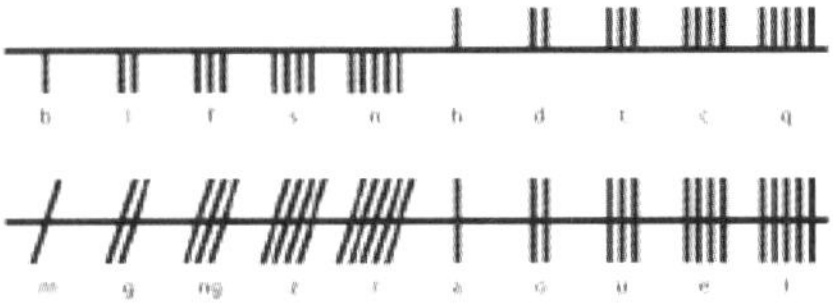

△ 欧甘铭文字母表

人的名字和家系。欧甘字母表如下：

每个字母有一个名字，例如辅音的前四个 B L F S 分别叫作 Beithe（白桦）、Luis（火焰？或者草药？）、Fern（赤杨）和 Sail（柳树）。不少名字如此古奥，甚至在古爱尔兰语时期（9 世纪以前）人们就已经无法理解，不过在诗人们口耳相传的文学里，每个名字又有一首充满了隐喻的诗来说明。因为能被解读的一些名字跟树木有关，诗歌的隐喻又非常模糊，从中世纪开始学者们就擅作主张给所有字母一个植物名字，于是便有了后来“欧甘文对应树木”和“崇拜自然的德鲁伊教”

一类讹传。其实不少字母名字跟树木没有关系，例如 H 的名字“húath”（恐惧），或字母 R“Ruis”（红色）。

尽管在研究欧甘文的历史上有各种各样的学说，现在主流的意见都认为发明欧甘文的灵感来源于拉丁字母。欧甘文在书写方式上完全不同于我们所熟识的拉丁字母，但它的排列方式和分类却显示出其创造者不仅熟悉希腊—拉丁式的字母表，而且还受了罗马时代拉丁文法学家所著语法的启发。这位或这些伟大的创造者经过深思熟虑，去掉了爱尔兰语里没有的音素（如 P 和 X）以及拉丁语里重复的字母（C 和 K 其实是同一个声音），加进爱尔兰语需要的额外因素（如 NG=/g^{W}/，相当于汉语“国”的声母），按照拉丁语法学的原则凑成了四组共二十个用直线构成的字母。

创造欧甘文的人可能是曾经在欧洲大陆或不列颠接受过罗马教育的爱尔兰知识分子，甚至可能在当地接受了基督教，但是欧甘文在爱尔兰并没有被特定用于基督教，而是在本土的知识阶层中流传开来。它主要的用途是墓碑铭文，有一套固定格式：“属于某某，某某的儿子，来自某个部族。”例如大英博物馆欧甘石的铭文就写着：VEDACUNA [MAQI] TOBIRA MUCOI SOGINI，“（此石）属于‘野犬’（Fíadchú），托菲尔（Tobir）之子，来自索甘（Sogain）部族”。在早期中世纪的爱尔兰，教堂墓地主要保留给教士和修道院资助者，普通的世俗人士死后一般是葬在家族墓地里。将逝者堆土为丘，葬在家族土地的边缘，然后上面竖立起欧甘石。这一风俗不仅有纪念意义，还有重要的法律功能。7 世纪的一部法律规定，如果有人要声明对一块地产有通过继承而来的合法所有权，他要赶着马越过边界坟丘进入地产，向占有该地产者主张权利。结合我们上面提到的国王莱伽尔（Lóegaire mac Néill）坚持要葬在塔拉山坡上面朝敌人的故事，这一仪式显示，古代爱尔兰人相信边界上的墓葬代表家族对土地的权利由死去的祖先捍卫，要打破占有，合法的后裔必须通过守卫边界的死者的考验。另有一句法律谚语提到，边界上的欧甘石铭文可以跟古代谱系诗歌一样作为对家族世袭财产权利的证明。试想在一个没有政府档案和公证人的时代，欧甘石铭文作为不可磨灭的证据地位该是何等重要。

然而没有任何理由说欧甘石是“异教”的事物，它不仅肯定由受过基督教教育的知识分子创造，而且作为一种文字，其用途跟基督教完全没有冲突之处。事实上有一部分的欧甘石上面同时还有拉丁文的铭文甚至是十字架图案。

现存的欧甘石遍布爱尔兰各地，甚至在威尔士南部也有发现，但以爱尔兰南部芒斯特为最多，这一带也许是欧甘文字的发祥地。如果你造访西南部的科克大学，就会看到一整条长廊两边排满了从各地搜集来的欧甘石，蔚为壮观。但它们的年代就不那么好确定了。我们只知道欧甘文的创制年代不晚于公元 4 世纪，比圣帕特里克还要早上一个多世纪，它所基于的语言是原始爱尔兰语。但自创制之后，由于它特殊的仪式用途，欧甘文作为一种“古文”被掌握而脱离了口语的变化，就像中国墓碑上的“显考 梁宣明公讳文昌”一样。例如在 7 世纪，一个名字明明已经是 Lugaid，他的墓碑上可能还刻着三百年前的形式 LUGUDDECAS。我们能够知道欧甘文最迟到 10 世纪还被使用作为铭文是因为有的铭刻者“学业不精”，刻下诸如 LUGUDEC 甚至更晚近的 LUGDEC，反映出后世口语的影响。

7 世纪之后这些石头逐渐失去了原本的神圣仪式意义，被人们拿来建房子盖羊圈，在石材稀缺的地方，这些现成的大块石头用来做房屋的门楣或猪圈顶梁再好不过了。有很多欧甘石都是在这种卑微的位置被发现的，肯定还有更多的已经损毁或仍然埋没无闻。由都柏林高等研究院支持的项目“3D 欧甘石”搜集记录了现存大部分的欧甘石 3D 图像，访客不仅可以全方位观看大量欧甘石，还可以顺便了解它们的内容、位置、历史等等，是一种很有趣的体验。

欧甘石既然不是异教的产物，它的失宠也就不像现代常有的说法那样因为基督教战胜德鲁伊祭司。如同绝大部分人类社会的风俗，它退出使用只是因为潮流不再。7 世纪以后人们更喜欢使用平石板而不是立柱，加上欧甘文里没有包含后来流行的名字的古代形式，大家不知道怎么刻像 Conchobar 这种名字，慢慢地就嫌它麻烦了。只有修道院里的僧侣学者对自己国家的遥远过去开始感兴趣，乐此不疲地为它增添一层又一层的神秘传说外壳，或者把它当作一种密文字母偷偷传递一些只有同侪才看得懂的信息，比如说一部 9 世纪抄写的拉丁语法论著手稿上，抄写员在白边用欧甘文字写下了他的感触：Latheirt（宿醉）。

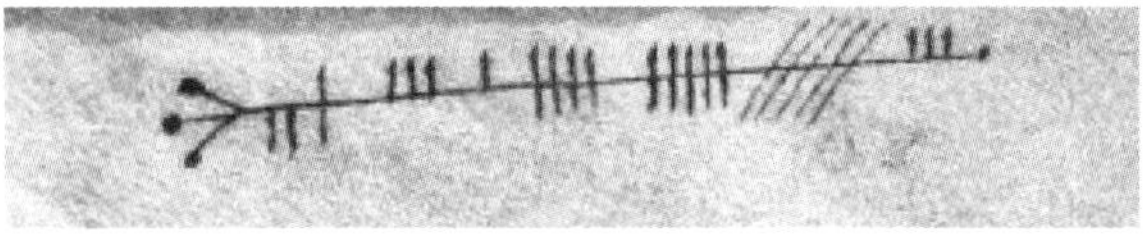

△　瑞士圣加仑修道院藏手稿上的欧甘文“宿醉”

欧甘文用于真正的长篇书写明显太过累赘，因此当基督教在爱尔兰生根发芽之后，僧侣们直接采用拉丁字母来记录自己的语言。他们所用的系统大概是跟随圣帕特里克从不列颠传来的，代表了罗马晚期不列颠人的拉丁语发音（关于爱尔兰语的发音和正字法见附录）。我们所知最早的爱尔兰语材料出现在6世纪后期，最初是爱尔兰僧侣在拉丁文手稿行间写下的注释笔记，大概是辅助学习理解所用，就像我们今天在英文书上记下生僻词语的中文释义，很多都只有几个词的长度。然而这并不意味着这种语言背后的文学传统也一样贫乏。从这些文法不甚统一的只言片语开始，当爱尔兰知识阶层能充分运用这种新的书写系统记录自己的语言时，我们进入了一个文学大爆炸时期，留下了整个中世纪欧洲最丰富的本土语言（Vernacular）资料库。

四

猛犬英雄

这时六十头牛齐力拉出来那口巨猪，麦克达索（Mac Dá Thó）亲自为他们分配。“我们该怎样分配这口猪？”康纳赫特国王艾里尔问。阿尔斯特的布里克留说：“当爱尔兰的英雄好汉们齐聚一堂，除了靠武力比拼席位高低，每个人都往对方鼻子上饱以老拳之外，还能有什么办法把猪分得让人心服口服？”……

当康纳赫特著名的勇士凯德威慑全场，坐下来准备动手给自己切最好的那块肉时，阿尔斯特的康瑙尔走上来说：“滚开！”“你凭什么？”凯德问。“哈，有人想和我打一场了，告诉你，我才不怕。对神发誓，从我抓起长矛的第一天起，没有一天我不曾杀死一个康纳赫特人，没有一晚我不曾烧杀劫掠，我睡觉的时候，总是拿康纳赫特人的头颅来垫脚。”“你是个比我强的武士，”凯德承认，“可惜我哥哥安峦不在这，他倒是可以跟你势均力敌。”“谁说他不在这？”康瑙尔大喝一声，从怀里掏出安峦的头颅掷向凯德，撞得他口喷鲜血。

——摘自《麦克达索之猪的故事》

（*Scéla Mucce Meic Dá Thó*），约 9 世纪

（路透社悉尼）：两个巴布亚新几内亚部落在一次和平仪式上为了该如何分配一口烤猪发生了争执，最终导致持续五日的战争，五人死亡，数十人受伤。

——《独立报》，1990 年 5 月 19 日

暴力、虚荣、杀人如麻，古代爱尔兰的英雄故事，尤其是所谓的阿尔斯特故事群（Ulster Cycle）描绘的世界充斥着夸张的刀光剑影。在现代人看来，为了分一口猪而大开杀戒，夸耀自己每天杀人和抢劫，那些武士们与其说是英雄，还不如说像土匪。我们理解的英雄应当是荷马史诗里以自己的力量和品德挑战严酷诸神的悲剧人物，或者捍卫宇宙正义的奥特曼，保护地球和平的美国队长，总之是

站在“命运”对面的“自由人”，“坏人”对面的“好人”，某种值得称颂的品格的代表者；如果他在智力和情感上和普通人一般无二，例如跟妻子闹离婚，曾经是不良少年之类那就更好，因为这样一来当英雄就不是少数精英的专利，而是民主社会里人人平等的机会。爱尔兰的英雄们让人难以理解：这些人有什么值得赞颂和仿效的？我们社会受古希腊以降西方主流哲学影响太深，有时确实很难明白其他群体的价值观。如果不是一千年后来自巴布亚新几内亚的新闻印证了这个故事内在的确有某种人类社会共通的真实的话，读者或会认为麦克达索之猪的故事不过是讽喻小说或重口味的黑色幽默；或会像维多利亚时代的英国人那样，完全拿这个故事当真的同时却不接受别的社会的价值取向，认为它证明了爱尔兰人是一群无法无天的野蛮人，应该用大英帝国的先进文明加以征服。

问题不仅在于我们需要人类学比较文化的视角，而且文学和生活的关系也远没这么简单。区分作品里哪些是重现生活的“真实”，哪些是“虚构”，并以此为准则来创作，是19世纪现实主义出现以后的事情。对分猪的故事这样的中世纪文学，我们应当看重它折射出来的一个社会的价值观和基本结构。不妨说，中世纪的爱尔兰文学就像他们造型艺术上的动物纹饰，

△ 爱尔兰手稿中的动物纹饰，看出来这是两条狗了吗?

只摘取一个社会最具特征的点睛部分加以理想化的夸张描绘，将其他部分忽略不计或一笔带过。

在创作故事的过程中，作者有意无意地将特定时代人们对事物和整个世界的看法借由故事人物的行动展现出来。此外，超现实的人物和情节主要是为了给生活单调的中世纪听众增添听故事的幻想趣味，而故事提出的起源论——某个王朝的祖先如何赢得了王权，某位圣人何时被赠予一块地，等等——则常常给政治主张披上“自古以来不可分割”的悠久历史外衣。所以古代爱尔兰人绝对不是只懂得眼前事务的愚昧之徒，文学在他们的社会里执行的功能几乎和现代文学对于我们一样丰富多彩：记录、宣示、劝谕、娱乐、陶冶等。学者们按照故事描述的年代和主题粗略地把爱尔兰中世纪文学分成几大故事群（cycle），而围绕着爱尔兰北部阿尔斯特（Ulster）和康纳赫特（Connacht）两大地区争霸的阿尔斯特故事群比起其他作品具有更多的“纯文学”价值。在写作阿尔斯特故事群时，一千三百年前的爱尔兰文人已经怀着好古之心，去想象和还原一个已经失落的英雄世界，把它当作历史小说来看待。

正如分猪的故事描绘的那样，这个世界是异教的，传统上把这些人物设定在公元初年，也就是圣帕特里克到来使爱尔兰皈依前四百多年，这些故事初次形诸笔端前八九百年。年代上说来，写下故事的基督教僧侣和这些英雄 / 土匪之间的距离，相当于我们距大宋梁山好汉那么遥远。但是我们并没有直接的历史记载能回溯到如此久远的过去，考古发现也无法证实任何里面提到过的事件，因此它完全是传奇性的（Legendary）。它对个体暴力和猎头有着特殊的嗜好，勇士们各具性格，自行其是，根本不受纪律和权力约束，完全不像中世纪那些王朝复杂的权谋纠葛里为领主鞍前马后的无名武士。在所谓的“诸王故事群”（Kings’ Cycles），也就是描绘 6 世纪以来真实国王和贵族战功的故事里，几乎看不到任何像阿尔斯特故事群里的赤裸裸的雄性暴力，连大战过程也一笔带过。诸王故事更符合我们从其他渠道了解到的中世纪，而阿尔斯特故事群得到巴布亚新几内亚事件的佐证，则似乎真的来源于更为古久的过去。

◊ 荣誉社会

在故事里，一个人在公众眼中作为武士的荣誉是最高的价值。他们对荣誉极度敏感和重视，我们眼中那些个人内心的、抽象的感情对于他们都十分外在和具体。唐纳德·沃德（Donald Ward）曾经区分两种社会，建立在“耻感”基础上的和“罪感”基础上的，阿尔斯特故事群属于前者，而犹太—基督教文化是后者的典型代表。荣誉通过表现自己的力量、勇气和慷慨大度挣得，而荣誉的对立面就是耻辱，以虚弱、胆怯、吝啬和背后算计别人为表现。荣誉和耻辱是建立在公开展示和公众认可基础上的道德评判体系，在阿尔斯特故事里荣誉制度是最强的社会规范，每个自由民都要为自己尽力争取荣誉，避免耻辱，他们对于荣誉就像我们今天对私人财产一样斤斤计较，必须通过不断的竞争，尤其是炫耀武力征服对手来保价增值。

即使在真正的中世纪爱尔兰社会，说荣誉是一种资产也毫不为过，一个人的价值、权利义务、社会地位随着他的公众形象和舆论浮动，荣誉的效应甚至可能遗传给后人或上溯至祖宗。最高的荣誉自然是“不朽的威名”，随着颂扬他的故事代代流传，这个词组或者范式（formula）在大多数印欧语言最古老的文献中都用作至高无上的赞颂，其渊源可追溯到至少五千年前；而直到 17 世纪爱尔兰法律被全面废除前，一个人在法律上的地位由所谓的“荣誉价”(lóg n-enech) 表示。一个人的地位越高，荣誉价就越高，就能享受更多的权利，被伤害或杀死时得到的赔偿也越多。譬如一位拥有众多佃农的地主比起一位自耕农，可以担保的契约价值要更高，在法庭上作的证词更有分量，出行时得到的招待也更好。如果荣誉被玷污，例如被他人当众讥讽小气，荣誉价就会下跌，直到讥讽者道歉赔偿为止；如果一个国王打仗的时候掉头逃跑，被敌人伤到后背（而不是前胸），或者从事了和他地位不相符的体力劳动，比如被人看见拿着锄头，他的荣誉价就掉到跟普通人一样。

国王该做什么？《劫掠库林之牛》(*Táin Bó Cúailnge*) 告诉我们阿尔斯特国王孔赫沃尔 (Conchobar) 的一天是这样度过的：三分之一看少年们操练武艺，三分之一玩“木智”棋，三分之一喝啤酒，灌得醉醺醺了就去睡觉。多么惬意的生活！更有意思的是一部 7 世纪的法律规定国王每周的日程安排：周日喝啤酒，周一裁决案件，周二玩棋，周三赛狗，周四要和王后同床，周五赛马，周六继续判案。连跟老婆同床都成了法律义务，不小心捡起个锄头荣誉还得掉价，看来国王也不是那么好当的。

荣誉制度尽管有其现实基础，现实中邦国却养不起多少不司生产的专业武士，实际负责打仗的主要是民兵。自由民平时耕种，打起仗来国王召唤，就扛起锄头拿起镰刀开赴战场，这些自由民必定不可能像阿尔斯特故事里的武士那么狂热于

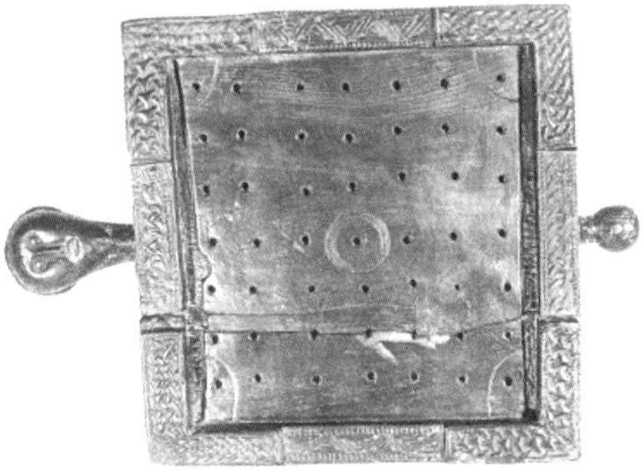

△　巴林德里（Ballinderry）出土的中世纪棋盘，可能就是“木智”（Fidchell）棋

荣誉。作为理想化的夸张描绘，英雄在文学里的阿尔斯特意味着最有荣誉的武士，跟好人坏人没有丁点关系。不过在公元初年的爱尔兰，人们也许真的会为了谁能优先占用一口猪身上最好的部分——所谓“英雄的份额”（Mír Curad），据说是后腿背部最为鲜嫩的地方，相当于金华火腿上的“火方”——大吹牛皮，妄开杀戒。不是为了吃，而是为了在众目睽睽下用言语和拳头争得头号英雄的荣誉。大凡崇尚武力、争端频仍的小型部落社会，像故事里的阿尔斯特、历史上的维京人、中国台湾原住民或巴布亚新几内亚，都经历过为了荣誉而杀戮的阶段。我揣测巴布亚新几内亚的部落民也正是

出于同样理由，才把和平仪式弄得血流成河。

◊ 库兰之犬

爱尔兰最著名的英雄莫过于库呼兰（Cú Chulainn），这个名字意为“库兰之犬”，他的原名叫瑟坦达（Sétanta），家乡位于今天爱尔兰共和国和北爱尔兰交界的劳思郡牧瑟夫尼半岛（Muirthemne Plain, Co. Louth）。由于阿尔斯特故事群广为流传，深受喜爱，围绕着库呼兰这位当之无愧的主人公便衍生出了繁杂的传奇，版本众多，莫衷一是，就连他的出生地点和真正的父亲都有好几种说法，也许是受了基督教传说圣母感应受孕的影响，好些故事都赋予他母亲——阿尔斯特国王孔赫沃尔的妹妹——神秘的受孕过程，一说是在博因河谷的石器时代遗址进入神族幻境，一说是达南神族首领卢赫（见“隐遁的诸神”）显现在她的梦中告诉她会生下一个无敌的英雄。综合来看，各故事一致同意的只有她的丈夫一直置身事外，绿帽子是戴定了。不过爱尔兰法律有规定，“妻子通奸所生的孩子归戴绿帽的丈夫所有”，奸夫要想认这个孩子，还得出一大笔费用，当然是因为那时生产力低下，孩子是非常宝贵的资源，人力比血缘关系更为重要。出于同样道理，为了多多繁衍后代男人可以娶妾（爱尔兰语adultrach，从拉丁语adulter“通奸者”化来），只是妾的法律权利比正室要低很多，而且爱尔兰的法学家们充分研究过女性心理学，追加了一条规定：“纳妾后一个星期，正室可以无理由殴打新妾，无需付任何赔偿，但不可以抓脸。”发泄一下很有好处，不过家丑不能外扬，脸上伤了就不好看了。

我主要依照阿尔斯特故事群里最长、也是最著名的《劫掠库林之牛》(*Táin Bó Cúailnge*，曹波先生曾依爱尔兰诗人金赛乐（Thomas Kinsella）改写缩略的英语版本译为汉语《夺牛记》) 介绍库呼兰的生平。《劫掠库林之牛》以散文体写就，但在气势和篇幅上毫不输于《伊利亚特》等其他民族的韵文史诗。最早的版本大概可以追溯到9世纪，但明显是由更早的多个故事穿缀而成。它讲述爱尔兰岛上北部阿尔斯特王国的世仇西部康纳赫特王国的王后媚芙（Medb）为了和丈夫竞争财产，觊觎阿尔斯特驰名的棕色公牛，于是纠集联军入侵阿尔斯特。阿尔斯特的成年武士正为一种诅咒困扰，遭受如同妇女生产般的阵痛，九日不得动弹，此时国王的外甥库呼兰年仅十七岁，不受诅咒影响，单枪匹马地抵抗康纳赫特大军。库呼兰守在森林和渡口，一一挑战康纳赫特勇士，把他们杀得尸横遍地。媚芙宿营时询问己方阵营里阿尔斯特流亡来的弗格斯（Fergus mac Róich），这黄口少儿到底是谁，弗格斯便以长篇叙述展开了回忆。

库呼兰在牧瑟夫尼平原长大，一天，他听说阿尔斯特都城艾汶玛哈（Emain Macha）里少年团的威猛事迹，便吵着要去加入。他妈妈说除非有成年武士愿意将他置于保护之下，否则他孤身一人，谁都可以伤害他。按照爱尔兰法，没有成年男性自由民保护的异乡人，如果被杀伤，无人能为之声张权利，换言之死了也白死。可是库呼兰说："我不能等了"，立刻出发。到了少年们操练的场地，这些贵族少年一看来了个无人保护的土小子，合起来欺凌他，一齐向他投掷长矛和球棒，却丝毫不能伤他半分。天生神力的库呼兰怒了，面容气得扭曲：头发根根直立，好像是被榔头敲进头颅一般，每根发尖似乎都闪着火花；他一眼紧闭，比针眼还窄，另一只眼圆睁，比酒樽口还大。他的大口直裂到耳根，下拉到胸口，内脏都清晰可见；"英雄之光"从头上冉冉升起。他横扫五十少年如同风卷落叶，把他们打成伤残。孔赫沃尔拉住他，叫他停手，库呼兰说："我来这儿是为了成为武士，不是为了受欺负的，要我停手，就让少年们归顺在我的保护之下吧。"从此五岁的库呼兰就成了少年帮的大佬。今天我们管这样的孩子叫暴力人格，将来一定会成为反社会分子；在阿尔斯特故事的时代，这却是值得歌颂的非凡天赋，是保家卫国的必要前提。

“今天首次登上战车，披挂盔甲的英雄，他的令名将在爱尔兰永久流传。”不久后的一天，库呼兰偷听了先知和诗人卡瑟瓦斯（Cathbad）对徒弟们的预言，就去向他的母舅孔赫沃尔索要战车。卡瑟瓦斯听说了大惊失色：“预言说的没错，可是这位伟大的英雄将要注定短命啊！”库呼兰无所畏惧地答道：“好极了！只要我的美名永存，就算只在世上活一天又如何！”

库呼兰的回答精辟地总结出英雄社会的价值观：肉体总是会消亡的，唯有在勇气和武艺上战胜每一个对手，换来不朽威名之荣誉，才称得上是一个英雄。夸耀自己，摧毁对手，生而尽欢，死而不屈，让自己的壮举在诗人的歌颂里长存，这份骄傲和基督教推崇的谦卑、节制、摈弃世间荣耀向往灵魂在天堂的永福，是多么强烈地不同！

那么瑟坦达又是怎么得名库呼兰的呢？据说他七岁那年，铁匠库兰（Culann）为孔赫沃尔和诸武士在家里举办一场酒宴。经过训练场时，孔赫沃尔看见库呼兰（那时还叫Sétanta）和少年们比赛，以一对五十，仍然把他们打得落花流水，满地找牙。孔赫沃尔非常惊异，就把库呼兰叫上一同参加酒宴。库呼兰说他还没玩过瘾，随后会跟上他们。当孔赫沃尔一众人马抵达，铁匠问他们还会不会有人跟着来，孔赫沃尔把外甥彻底忘在脑后，便说没有。铁匠有一条猎犬，力气之大要九条壮汉才能拉住，单枪匹马可咬死群狼，待客人进屋他就关门放狗，让猎犬担任守卫。库呼兰一路玩耍着来到的时候，正好和猎犬面碰面，可是这少年毫不畏惧。屋内的人们听到狗叫出来一看都吓呆了，心想这凶猛巨犬必然要将孩子撕成碎片。可是当猎犬冲上来扑咬时，这少年正面迎上，一手扼住狗喉，一手揪住颈皮，往石柱上猛撞，直至恶犬四肢都被他扯裂。人们惊魂未定，将少年拥入屋内。库兰说："欢迎你，孩子！我真不该准备这场筵席，现在我的猎犬死了，可叫我怎样经营生计，怎样保卫家园！这猎犬一直守护我的生命和荣誉，财产和牛群。""不要紧，"少年说，"我会给你养一条同类的狗，在它长大之前，我自己会做你的猎犬，保护你和你的牛群，我还会保护整个阿尔斯特，谁都不能在我眼皮底下把牲畜偷走。"卡瑟瓦斯宣布："那么从今往后你就叫作库呼兰（库兰之犬）。"

瑟坦达成为库兰之犬的故事具有很强的象征性。我们不妨先讲讲爱尔兰独有的猎狼犬（Cú Faoil , Irish Wolfhound）。

△ 凯里郡村落博物馆的猎狼犬，几乎有一匹矮种马的高度

◊ 猛犬与英雄

爱尔兰猎狼犬是犬类中最高的品种，雄犬的肩高平均能长到 90 厘米以上。猎狼犬体形庞大，身躯细长矫健，速度虽不及猎鹿犬和灰犬，力量和智力却使它们十分胜任主要的工作：保护畜群，猎杀野狼。昔日爱尔兰遍布森林，完全不是现在空旷的草原模样，许多狼群出没于森林之间，是以牧业为主的爱尔兰农夫的头号敌人；猎狼犬像藏獒一样忠诚而凶猛，是抵御狼群的最佳伙伴，铁匠库兰的狗很可能就是一头猎狼犬。在阿尔斯特故事中的都城艾汶故址曾经发掘出一具猎犬头骨，长达 22.5 厘米，推测这头狗肩高要在一米以上，说不定就是传说中铁匠库兰的猎犬。然而庞大的体形意味着饲养它们十分昂贵，狩猎也只有贵族武士能负担得起，因此长期以来猎狼犬主要都由贵族拥有，成为他们权力象征的一部分。英王约翰二世曾经赠给威尔士（当时仍然独立于英格兰）国王卢埃林（Llywelyn ap Iorwerth，约 1172–1240）一头叫作歌列特（Gelert）的爱尔兰猎狼犬。歌列特忠心耿耿跟随卢埃林一生，可是有一天卢埃林回家，发现幼子的摇篮翻倒，地上和歌列特的嘴边血迹斑斑，认为是狗咬死了王子，一怒之下抽剑杀了猎狼犬。猎狼犬痛极哀号，这时，摇篮下传来了婴儿的哭声，国王掀开摇篮发现王子毫发未伤，寻血迹而去，只见一头灰狼倒毙在地，身上血肉模糊，才知道歌列特嘴边的血是保卫王子时咬出的狼血，自己错怪了忠诚的猎狼犬，悔不当初，下令为歌列特建一座丰碑，这座丰碑时至今日仍然矗立。诗人威廉·斯宾塞为此赋诗一首：

Oh where does faithful Gelert roam,
The flower of all his race;
So true, so brave, a lamb at home,
A lion in the chase?
'Twas only at Llewelyn's board
The faithful Gelert fed;
He watched, he served, he cheered his lord,
And sentinelled his bed.
啊，忠诚的歌列特如今游荡何方，
全种族的菁华，
如此真挚，勇毅，在家温顺如羊羔，
追猎时勇猛如狮？

忠诚的歌列特仅从
卢埃林的桌上进食，
他守望，服侍，取悦他的主人，
并看护他的床帏。

英国人入侵和摧毁爱尔兰贵族制度之后，猎狼犬自然也跟着遭殃，只有极少数延续下来的爱尔兰贵族家庭还养着猎狼犬。加上1786年爱尔兰最后一只狼被捕杀，猎狼犬没有了用武之地，最后竟陷于绝种边缘。幸好19世纪末一位英国军官乔治·格拉姆对这个古老著名的品种十分着迷，他搜集所剩无几的纯种猎狼犬培育，但是现存的个体实在太少，有近亲繁殖的危险。所以他最后用大丹狗、苏格兰猎鹿犬等品种和古猎狼犬杂交，产生了今天爱尔兰的现代猎狼犬。这个新品种似乎没有传说中那样凶猛，但仍然威风凛凛。爱尔兰巴士公司（Bus Éireann）的标志，便是一头飞奔的猎狼犬，大概是受了美国灰狗巴士的启发。

爱尔兰的古代故事里有许多好客者和猛犬的搭档，本章开头提到的分猪故事便是一例。“好客者”（Hospitaller）是一种特殊的职业或者身份，不仅现代已经没有，古代社会中也不常见。在爱尔兰由于荣誉是如此重要，不懂武艺的普通自由民唯有通过乐善好施，殷勤招待每个过路人，才能赢得慷慨的美名和荣誉。据法律说，顶级的好客者拥有坐落在十字路口的大厅，九道门开往不同方向，来者不拒一概提供三天的食宿，炉火上永远有一口煮着肉的大锅供客人随意享用。这样的好客者即便不是贵族，其荣誉价和地位也相当于邦国的国王。好客者必定是极其富有的地主，否则谁的家底也经不起这样的折腾。分猪的主人公麦克达索就是这么一位“国王级”的好客者，他有一条守卫着伦斯特全境的猛犬。为了求得这条猛犬，阿尔斯特和康纳赫特的国王分别率众前来，麦克达索虽然富有，却没有武力，面对两群土匪英雄谁也不敢得罪，却采纳了他妻子的妙计，让这群武士为争得“英雄的份额”自相残杀。但是想象一下上百个武士在家里混战！麦克达索虽然保住了命，家里却被糟蹋得一塌糊涂，他依赖的猎犬也在混战中被杀。瑟坦达成为库呼兰的故事则用一个漂亮的暗喻直接揭示猛犬跟英雄实则同一，猛犬保卫田产，正如英雄保卫王国；库呼兰接过了宴请国王的好客者铁匠之猎犬的位置，将来他也会像猎犬一样独力抵御来犯的敌人捍卫阿尔斯特王国。

如果用杜梅齐尔（George Dumézil）的印欧社会三功能

思维结构来分析，好客者属于从事生产的农业/手工业阶层，而库呼兰属于武士阶层。简单地说，农夫供养武士，武士保卫农夫。武士应该像猎犬一样对敌人残酷无情，对祖国温顺忠诚。好客者和他的猎犬，以及取代猎犬的库呼兰，正好喻示着这两个阶层的关系。然而正如歌列特的故事告诉我们的：人类欣赏犬的护卫家园的本领，但也时刻没有忘记这种动物是由出没于我们噩梦中的狼驯化而来，依然有爆发出不可控制的兽性的危险。这时，它便会掉头反噬主人，危害家园。不受控制的暴力，像为争猪大动干戈的两国武士，将破坏和平，殃及从事生产的农夫。《劫掠库林之牛》里也讲到，库呼兰首登战车的那天就擅闯邻国杀了佛尔三兄弟，生擒野鹿和天鹅，热血沸腾地驾车驶回艾汶玛哈。一天的战斗使他无法自制，面对自己的族人叫嚣：

“我以阿尔斯特人起誓的神灵起誓，除非有人来和我决斗，不然我就把城里男女老少全部杀光！”

哪有人胆敢和这位少年英雄决斗？只是白白送死而已。正当人们急得团团转时，姜还是老的辣，国王命令：“派裸女们去迎接他！”于是王后率一干妇女，无上装挡在城门前，说：“这就是今天挑战你的武士！”

库呼兰毕竟是青涩少年，羞得捂住了脸。人们趁机把他扔进一缸冷水里，水马上沸腾起来，于是换一缸冷水来冷却他的青春热血，如此反复三次，他才冷静下来，不致危害公众。从这些故事中不难看出武士英勇而又危险的模糊特性，以及古代爱尔兰对暴力与和平之间微妙互动的洞察入微。

◊ 英雄末路

虽然《劫掠库林之牛》具有强烈的象征寓意，库呼兰的事迹中也不乏现代意义上悲剧色彩的人性。在多场对决中库呼兰一个接一个地杀掉康纳赫特最优秀的英雄，直到他们决定派出跟库呼兰从小一起长大的养兄弟菲狄亚斯（Fer Diad），以图库呼兰不忍下手；而且库呼兰会的武艺，除了一招绝杀技“腹矛”（gáe bulga）之外菲狄亚斯也全部学过，说不定还能打赢库呼兰。媚芙派人去请菲狄亚斯，不难猜到，菲迪亚斯拒绝和养兄弟对阵沙场。这时候英雄世界的法则再一次被媚芙利用：她让诗人、讽刺歌手去找他，威胁说要是不跟他们走，就要作诗讥讽嘲笑他胆小无能，再到处散布，让他从此在世上抬不起头来。这在英雄时代可是终极的攻击，战死不算什么，遗臭万年那才真正可怕。菲狄亚斯只好来到康纳赫特的营帐。媚芙许以丰厚利诱，可是菲狄亚斯断然拒绝；

媚芙只好又使激将法，说库呼兰看不起他软弱无能。这招果然奏效，菲狄亚斯虽然知道不是真的，媚芙在众人面前这样一说，他也只好为捍卫自己的勇猛名声而战。

两人在河渡苦战许久，最后还是库呼兰用“腹矛”杀了菲狄亚斯。他抱着养兄弟的尸体痛哭：“在面对菲狄亚斯之前，一切都不过是戏耍，杀戮曾经如此愉悦！我以为亲爱的菲狄亚斯会在我死后仍长久地活着。”情同手足的两人，却因为时代价值的要求拼个你死我活。

《劫掠库林之牛》到康纳赫特溃败求和，库呼兰得胜还乡为止。至于英雄的末日，专门有一篇故事《库呼兰之死》记载。夺牛失败后媚芙怀恨在心，挑唆被库呼兰所杀的勇士的儿子们报复。库呼兰确实是血债累累，加上这些年轻人谁不想杀了天下第一勇士以扬名立万？诗人杜夫萨赫预言过库呼兰命不长久，在勇士之子们来挑战的当天，也出现了许多不祥之兆，但库呼兰岂能退缩？他慨然赴战，路上遇见三位单眼老妪正在烤狗肉，并邀请他吃。库呼兰身为“库兰之犬”，生平的禁忌就是吃狗肉，然而在爱尔兰，拒绝别人的好客之举是十分冒犯的行为，老妪们讥讽他说：“这要是大火炉上准备的盛筵，你就会欣然参与；大英雄必然是嫌我们老婆子请客寒酸，不屑一顾吧？”库呼兰怎能容人损害他的荣誉，只好触犯禁忌吃了狗肉，心里清楚这三位神秘老妪是命运送来摧毁他的。正如《隐遁的诸神》里说过的，三位丑陋老妪在爱尔兰故事里以至莎士比亚的《麦克白》中总是代表着超自然的厄运。敌人们还设计骗去了库呼兰的长矛，并用它来对付库呼兰。被大大削弱的英雄受到围攻，遍体浴血，奄奄一息；但他顽强地把肠子塞回体内，把自己绑在一根石柱上，这样他就算死去也不会倒下。他仍然怒目圆睁面对着敌人，使他们不知道他是死是活，不敢靠近。僵持了许久，直至一只乌鸦落在库呼兰肩头上，敌人们才明白他早已死去多时，上前割下他的头颅。库呼兰传奇的勇猛即使在他死后仍能吓退敌人，他的不屈和坚持站立的尊严更为他赢得了永恒的美名。都柏林的邮政总局橱窗里收藏着一尊奥利弗·雪珀（Oliver Sheppard）铸造的库呼兰铜像，刻画的正是他史诗般悲壮的死亡一刻。

谁也说不清库呼兰的故事从何时发源，又是怎样流传。可以肯定的是，到了中世纪，这些故事已经超越了他的家乡阿尔斯特，在整个爱尔兰传唱，既有慎重地由僧侣抄录在彩绘手稿上的书面版本，也有诗人在国王座前伴着琴声弹唱的优雅诗歌，还有贫苦渔村火炉边，老人给孩子们绘声绘色讲

△ 《库呼兰之死》，奥利弗·雪珀作，藏于都柏林邮政总局

述的睡前故事。法律把阿尔斯特故事群包括在要获得大诗人头衔必须牢记的三百五十个故事之列；国王在决战前夜请歌手反复唱诵库呼兰的事迹以激励士气。我们也看到人们按照自己的理解节选、修改和重新创作阿尔斯特故事，光是库呼兰的身世和《劫掠库林之牛》的“前传”“外传”今天仍能在手稿上读到的就有数十种之多，那些从未被记载下来的，或曾被写下却又遗失于时光侵蚀的，又有多少？这样丰富的数量和层次说明了阿尔斯特故事，特别是其中的库呼兰恒久地激发着人们的想象，他果然实现了卡瑟瓦斯的预言，以他的勇气赢得全爱尔兰的钦佩和喜爱，连故事中他的敌手康纳赫特和芒斯特人民也不例外。库呼兰逐渐成为了爱尔兰的国家英雄，他的美名将在这片土地上永久流传。

不过正如我之前说过的，中世纪虽然有的文人已经呼吁爱尔兰联合起来抵御外族，爱尔兰诸侯依然四分五裂，混战不休；普通人的观念里，仍然以家乡作为身份归属。要等到19 世纪末 20 世纪初人们才意识到“爱尔兰”是一个国家，它的居民，无论是原住民、北欧维京人、旧诺曼—英格兰贵族还是新移民；无论住在阿尔斯特、康纳赫特、芒斯特还是伦斯特省，都是同一个“爱尔兰”民族。库呼兰成为“国家”

英雄，也是跟这一政治进程紧密相连的。

◊ 抵抗英国人的库呼兰

知道为什么奥利弗·雪珀要创作《库呼兰之死》的雕塑，并且把它放在邮政总局吗？因为正是以都柏林的邮政总局为据点，志士们在1916年复活节掀起了一场最终壮烈失败的抗英起义。

英国和爱尔兰这两个力量强弱悬殊的邻邦之间的恩怨可以上溯到12世纪，新占领英格兰的诺曼领主应伦斯特王之邀登陆爱尔兰，之后就不走了，甚至征服了爱尔兰诸王让他们臣服于英格兰。从那时起，爱尔兰一直是一个以英王为元首的独立王国，直到1801年联合法案成立了大不列颠和爱尔兰联合王国。然而联合并没有真正改善占爱尔兰人口大多数的天主教徒受新教新贵压迫的命运。不仅天主教徒，许多新教徒也感觉受英国管治过甚，压制了爱尔兰本地的自由发展；特别是英格兰来的贵族地主占去了绝大部分的肥沃土地，把出产源源不断运到英格兰，却任由本地人失业和饥饿。1798年“联合爱尔兰人”组织的农民起义迫使英国重新审视对爱尔兰的政策，不仅国内对宗教和解的呼声越来越高，政府也担忧不断飞升的爱尔兰维稳开销。经过多年争取，1912 年英国国会通过的爱尔兰自治法案允许爱尔兰成立议会实行自治，似乎带来了一线转机，但是长期的对爱殖民政策造就了广泛的族群对立。部分新教徒担心这一来做得过头，会使得翻身的天主教徒对长期占特权垄断地位的新教徒大肆报复，极力反对自治。在最初的教派纷争中双方都有过错，都曾经对对方展开无情的杀戮；新教新贵阶级依靠英国撑腰取得的政治、经济特权牺牲了本地天主教农民和市民的利益，长期被他们怨恨；天主教会长期被新教歧视和排挤，也暗中支持反对新教徒的活动。在解开世仇之前就把双方抛到自由对决的局势中，英国这样做很不明智，但也无可奈何。英国默许阿尔斯特新教徒占多数的各郡成立武装民兵“阿尔斯特志愿军”（Ulster Volunteer Force, UVF）保卫自己，并鼓动他们和其余南部各郡分离。这些反对自治的被称为“联合派”（Unionist）或主张稍有不同的“忠王党”（Loyalist）。与之呼应，南部的民族主义者（Nationalist）组成“志愿军”在一战中支持英军作战，以期换得英国早日结束战争，兑现自治的承诺。可是民族主义者中有一小批人走得更远，他们不满足于自治，认为只要在大英帝国之内，民族复兴自强就永远无从谈起。这些共和主义者（Republican）受到中国辛亥革命的启发，主张以暴力革命脱离英国，成立完全独立的共和国。

共和主义者的中坚是由流亡海外的爱尔兰革命者发起的秘密组织“爱尔兰共和兄弟会”（Irish Republican Brotherhood），他们借助合法的民族主义志愿军招募力量，准备在1916年复活节后举行暴动。然而他们从德国偷运来的军火被英国海军截获，起义风声因此走漏，共和主义者们只好提前在1916年4月24日复活节周一清早发动攻击。他们在詹姆斯·康纳利（James Connolly）、帕特里克·皮尔斯（Patrick Pearse）等人的领导下占领了位于都柏林市中心的邮政总局，升起共和国旗，皮尔斯宣读了一份《独立宣言》。这份宣言是这样开头的：

“爱尔兰的男人和女人们！爱尔兰以主之名，以及那些她从之继承古老民族传统的逝去世代之名，通过我们召唤她的孩子跟随她的旗帜，为她的自由战斗！”

文学民族主义的影响在这里再明显不过了。1902年，叶芝与格雷戈里夫人合作的独幕剧《卡瑟琳·尼·胡里痕》（意为胡里痕家的女儿卡瑟琳，汉译常作《胡里痕的凯瑟琳》）在都柏林的艾比剧院（Abbey Theatre）上演，轰动一时。叶芝将爱尔兰人格化为一位风尘仆仆的老妪卡瑟琳，途经一户

POBLACHT NA H EIREANN.
THE PROVISIONAL GOVERNMENT
OF THE
IRISH REPUBLIC
TO THE PEOPLE OF IRELAND.
IRISHMEN AND IRISHWOMEN
THOMAS J. CLARKE.
SEAN Mac DIARMADA.
THOMAS MacDONAGH.
P. H. PEARSE.
EAMONN CEANNT.
JAMES CONNOLLY.
JOSEPH PLUNKETT.

△ 《独立宣言》原件

正在操办儿子婚礼的农家。农家热情款待了她，听她叙说遭受的厄运："家里有太多的陌生人，我的土地被人夺走了。很长时间以来，还有很多人为了爱我而死。"她告诉农家的儿子，有很多人正聚集起来帮助她，"把我失去的美丽田地再夺回来；我希望把闯入我家里的陌生人都赶出去。"如果农家儿子想要加入，"必须给我他自己，他必须给我全部。"她接着说，那些参与起事的人们必将流血牺牲："很多人现在脸色红润，将会变得脸色苍白；很多人现在还能自由地在山坡、沼泽和树丛间穿行，将会被遣往遥远村镇难走的街上；很多人攒了钱，却来不及花了。很多孩子出生，在他受洗被命名的时候，却没了父亲。但这一切，他们都会认为值得。"年轻人被老妪的歌声召唤，舍弃未婚妻奔去参加军队，这时候遥望老妪远去背影的人们看到的只是"一个年轻姑娘，她走路的样子好像一位女王"。（孙柏译文）

如果读者还记得的话，"隐遁的诸神"一章里国王和化装为丑婆子的主权女神邂逅的古老母题，正是剧中老妪变身为女王般的少女的灵感来源。戏剧设定的时间虽然是 1798 年起义，但叶芝以古喻今，鼓励以武力争取独立的立场展露无遗，可是他所诉求的是什么？是民族文化的自主，是英国主

△ 旧爱尔兰镑十镑钞票局部，票面人物为约翰·拉弗里爵士所绘，倚着竖琴的卡瑟琳·尼·胡里痕

权下的自治，还是完全的共和独立？叶芝没有发表明确的评论，他有生之年大概也没想清楚。然而从此共和主义者的政治诉求受到启发，把爱尔兰化为一位悲伤、流浪的美丽少女，要求青年为她的自由而牺牲。叶芝的巨大影响力，以及他塑造的“古老民族传统”让许多志士为浪漫的理想慨然赴死，而现实政治没有浪漫的容身之处，爱尔兰革命过程中伴随了阴谋、妥协和屠杀，极端主义和恐怖暗杀比比皆是。叶芝晚年每念及此，总有悔恨和疑惑交织：他事后描述复活节起义“一种恐怖的美降生了”（《1916 年复活节》），对于自己戏剧在革命理念中发挥的深刻影响，他发问：“现在我已老朽，

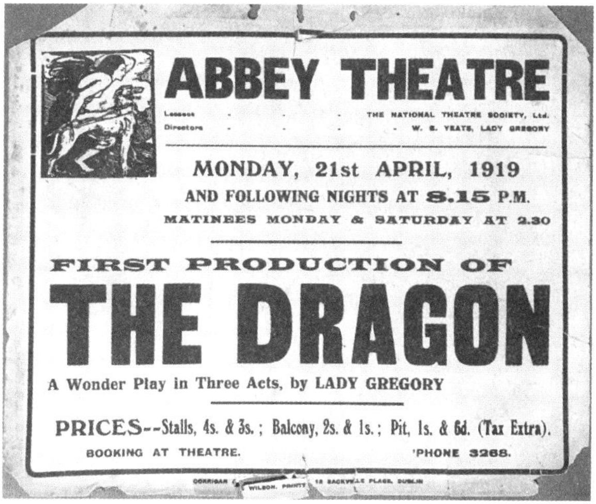

△ 格雷戈里夫人编剧《龙》1919年的宣传海报（彭毅文供图）

△ 艾比剧院戏票（今天的艾比剧院依然吸引着万千戏迷）

疾病缠身 / 彻夜难眠 / 面对一个问题 / 却从未找到答案：/ 我的戏剧是否把人们 / 送向英国人的枪口？ / 我说过的话语可有 / 挽救那家园沦为废墟？”（《人与回声》）

起义军准备仓促，人手不足。当时共和主义并非主流，没有得到广泛支持，加之没有夺取英国统治爱尔兰的核心机关都柏林城堡，一周后即被完全扑灭，起义者悉数被逮捕。在当时的英国当局看来，这些人不过是些被极端主义洗脑了的暴徒，最好把他们低调快速解决掉，恢复稳定局面。经军事法庭审判，90 人被判死刑，其中包括签署《独立宣言》的七位领导人。康纳利在战斗中膝盖受伤，无法站立，被绑在一把椅子上由英军乱枪射杀。领袖们的尸体被随意弃置在一处集体公墓，没有安魂弥撒，也没有棺木下葬。

英军大肆搜捕处决起义者和对他们遗体的草率处置被公众得悉后，激发了广泛的公愤。许多人原本持中立立场，认为可以通过自治的民主进程逐渐过渡到爱尔兰事务自主；这些老百姓本来也不赞成以暴力方式争取权利，甚至还觉得起义者扰乱了生活，伤及了无辜，支持英军镇压起义。然而英国当局对事件的处理暴露出他们不仅对爱尔兰人民的诉求完全无动于衷，甚至无视当事者的基本尊严，事后还处处把爱尔兰人当作恐怖分子防范。爱尔兰的人们感到愤怒和失望，暴力达到共和的主张日渐受到欢迎。复活节革命虽然失败，其后果却开启了全面的爱尔兰独立战争，最终带来爱尔兰的独立，但也加速了英国保护下的北爱尔兰分离于其余地区。康纳利英勇负伤，被绑在椅背上慨然就义的情景尤其使人们悲痛和钦佩，而这一情景又惊人地与库呼兰之死的故事不谋而合。人民敬佩的古代英雄和革命中浮现的现代义士合而为一，激发奥利弗·雪珀塑造融合了两者形象的《库呼兰之死》雕塑，摆放在起义中心邮政总局展览。由此，康纳利和库呼兰一道上升为抵御外侮、顽强不屈的民族象征，以这种方式，古老的猛犬英雄再一次获得了不朽的美名。

◊ 抵抗爱尔兰人的库呼兰?

既然库呼兰在爱尔兰共和国化身为抵抗英军的康纳利，我们大概会猜想北爱尔兰忠王党及联合派，亦即坚持北爱尔兰留在英国的新教徒会对库呼兰避之不及，把他当作破坏和平统一的暴徒吧？事实并非如此。库呼兰同时也被阿尔斯特六个郡的北爱尔兰人当作他们的民族英雄。他们自有一套解释的办法：库呼兰从来没有代表全爱尔兰抵御外族；相反，他身为阿尔斯特人，一直在为阿尔斯特反抗爱尔兰其他省份联军的入侵。阿尔斯特故事中的王国之争，正好巧妙地重合了北爱尔兰的地缘政治局势，因此库呼兰象征着北爱尔兰人坚决抵抗爱尔兰其余地区霸权的传统。同一位猛犬英雄由于现代政治的缘故，在南北爱尔兰居然有着截然相反的阐释，代表两种相互对抗的势力，也算是爱尔兰曲折历史造就的一种特色了。

△　北爱首府贝尔法斯特一座营房上的壁画：

“库呼兰——两千年前抵抗爱尔兰攻击的阿尔斯特古代守卫者；

东贝尔法斯特步兵旅——今日阿尔斯特的守卫者。”

背景为《库呼兰之死》和英国国旗（注意这里把“爱尔兰”和“阿尔斯特”对立起来了）

五

食在土豆岛

“土豆岛”，旅居的华人往往这样谑称爱尔兰。在中国习惯了乱花迷眼的菜市场里一字排开数十种新鲜绿叶蔬菜，晚饭盛一碗冒着热气的白米饭或花样繁多的面食；乍到爱尔兰，发现超市里蔬菜品种可以用十个指头数完，而爱国人民竟然以土豆为主食时，每个人大都会发出“不毛之地”的喟叹。

在大多数中国人的印象中，土豆（马铃薯、洋芋，随便你怎么称呼）只有在贫困的山区才会当成主食，作为蔬菜它又太面，缺乏滋味和口感。然而爱尔兰人民每年花费超过一亿六千万欧元用于购买土豆，相当于为每人每年40欧元，远远超过了蔬菜消费榜上第二、第三名的西红柿

（七千四百万欧元）和胡萝卜（四千九百万欧元）的总和；每人每年平均吃掉140公斤的土豆（欧洲平均为50-100公斤），说土豆是爱尔兰人的主食毫不夸张。爱尔兰共和国有8700公顷的土地种植土豆，每年出产大约80万公吨的土豆，其余都由国外进口。

爱尔兰人对土豆的热爱甚至影响了在当地的中餐业。中餐馆在你点菜的时候总会问是配米饭还是薯条——中国人大概会觉得宫保鸡丁搭配薯条简直是匪夷所思，但爱尔兰人对此乐此不疲，当然，这里卖的也不是真正的宫保鸡丁——许多中餐馆外卖最热门的是一种叫“四合一”（Four in one）的快餐，包括半份炒饭、半份薯条、一些鸡胸肉、一勺咖喱酱。是的，这里的中餐馆能够“自甘堕落”被同化到这种程度，而且不少爱尔兰人还要把仅存的半份米饭全换成薯条。这实实在在已经超出我们能想象的中餐入乡随俗的程度了。在爱尔兰人的印象里，中餐便宜、油腻、重口、不健康——这该怪谁呢？

土豆占据了市场货架最主要的位置，而且规格种类繁多。家里人多的开车到农贸集市扛回一麻袋一麻袋几十公斤带泥的土豆，超级市场里有大小统一的塑料袋装“饭”土豆，高级一点的“菜”土豆则几个放在塑料托盘里蒙着保鲜纸，还有免洗直接煮的小土豆，囫囵煮的熟土豆，做好的土豆泥，拌土豆沙拉午餐，薯片和薯条。就种类来说，最多的是红皮的公鸡土豆（rooster），然后有粉红色深芽眼的粉基儿（Kerrs Pink），黄皮软滑的英女王土豆（British Queen），适合烤和炸的金色梦幻（Golden Wonder），白色的库尔特拉（Cultra）和卡莲娜（Karlena），等等。

◊ 乏味的土豆

中国南方山区从前交通不便，人们便绞尽脑汁用当地有限的食材创造出许多烹法、吃法和搭配。单是一道本无味的笋，就有鲜笋、笋干、腌笋、泡笋等形态，蒸炒煲汤，配猪鱼羊鸡鸭鹅或其他素菜无所不能。生活在铺天盖地的土豆堆里，大家该认为爱尔兰人把才智尽情发挥在土豆菜肴的花样创新上了吧？很可惜，爱尔兰人在土豆做法上很缺乏想象力。他们食用土豆的方法主要有带皮烤（baked jacket potato）、水煮后剥皮或捣成泥（mash）、油炸薯条、薯片、薯格等，既是主食，又是配菜、绿蔬和零食，做法听起来很多，但由于缺少炮制和混搭的智慧，在每一碟菜里吃起来都一个样，基本就是往土豆泥里加黄油、盐和胡椒，往薯条上撒盐和醋，高档餐厅的土豆泥里拌进点碎培根和香草，就已经是最精致的做法了。我曾经做过地三鲜和醋熘土豆丝招待朋友，对方表示莫名惊诧——土豆还能做出这种味道和口感！

爱尔兰人食用土豆的登峰造极之作大概是所谓的“薯条三明治”（Chip butty），很简单，面包夹炸薯条和番茄酱 / 奶油酱，惊世的创意，恢宏的造型，神奇的味道，足以开动火车头的卡路里……

△ 薯条三明治，不过不是爱尔兰的特产，据说北英格兰人也爱吃

比日常这些吃法高级一点的，是几样以土豆为主要配料的地道爱尔兰菜，到爱尔兰来不妨在餐厅尝一尝。其一是爱尔兰乱炖（Irish Stew），用羊肉、土豆块、胡萝卜多加水炖得酥烂浓稠，一边吃一边喝浓汤，配以苏打面包（soda bread），冬天稀哩呼噜吃来顿觉浑身暖意。这个菜做法非常容易，把所有配料扔进大锅耐心熬煮即可，喜欢的话还可以加洋葱、芜菁或其他蔬菜，要做出纯正的爱尔兰风味，秘诀是用海盐和加一把剁碎的荷兰芹（Parsley）。乱炖在游客心目中无异于爱尔兰国菜，主要是因为它名字带着 Irish。

但是若论在餐厅和酒馆里最普通的大众菜（类似于中国的西红柿炒蛋或扬州炒饭），则应该是咸肉白菜（bacon and cabbage）。菜名里没有土豆二字不意味着它就缺席，恰恰相反，证明了土豆无可撼动的霸主地位，任何菜都能加进土豆。爱尔兰人爱吃的咸肉是未经烟熏的背部咸肉，瘦肉部分比较多，称为 rashers，他们用一整块的咸肉跟白菜（不是大白菜，而是一种圆球形的皱叶甘蓝）、土豆一起水煮，就成了这道菜。这里的白菜是一个坚韧不屈的物种，不经过一个小时的熬煮，你都会觉得是在啃草席。然而彻底煮软后，尤其当肉香渗进菜叶，跟甘蓝特有的甘甜香气交融，味道还真不赖。一般餐厅会再往上浇一勺用面粉、黄油、牛奶等煮成的白酱（white sauce），以弥补配料的寡淡。这道菜也没什么技巧可言，一直煮就是。

往北部走，能吃到一种土豆煎饼（Boxty），用生土豆磨碎了，混进土豆泥、黄油、面粉和鸡蛋做成面浆，在平底锅上摊薄薄一层，可以卷任何东西吃。盛产苹果的北爱尔兰阿马区（Armagh）用土豆煎饼卷苹果酱吃，别有新鲜风味。土豆加面粉的土豆面包（potato bread）在北爱尔兰叫作 Fadge，是当地的主食。

同样是土豆和白菜，把土豆煮熟磨成泥，加进牛奶、黄油、盐、碎白菜搅匀煮透，可以再撒上一点洋葱或青葱，就是经典家常菜白菜薯泥（Colcannon），以葱代替白菜，叫作葱香薯泥（Champ）。这种看起来索然无味的草根食品一度被视作小康生活的标准，配上肉食就是年节的大餐，因为在很长一段时间内，爱尔兰农民是如此贫穷，尽管爱尔兰出产大量的奶制品，他们连鲜牛奶和黄油都很少负担得起。有传统民歌为证：

> Did you ever eat Colcannon, made from lovely pickled cream?
>
> With the greens and scallions mingled like a picture

in a dream.

Did you ever make a hole on top to hold the melting flake

Of the creamy, flavoured butter that your mother used to make?

Yes you did, so you did, so did he and so did I.

And the more I think about it sure the nearer I'm to cry.

Oh, wasn't it the happy days when troubles we had not,

And our mothers made Colcannon in the little skillet pot.

你有吃过白菜薯泥吗，醇厚酸奶油制作？

青翠小葱点缀其中，像梦中的风景。

有没有过在顶上摁一个小坑，放进一片浓厚

半融化的黄油，正如记忆里妈妈的味道？

有的，你吃过，他吃过，我也吃过。

回想得越多，眼泪就越快要决堤。

哦，那曾是多么无忧无虑的时光，

妈妈为我们在小煎锅里做白菜薯泥。

爱尔兰传统歌谣文学深沉的忧伤和思乡，大多来自那一时期的不幸与漂泊，至于原因，我们马上会谈到。

◊ 土豆之外？

看到这里不定有些读者已经打消了来爱尔兰旅游的冲动，毕竟相当多人的出游是以寻觅美食为重头戏的。幸好至此的土豆菜都是从前困难时代最普遍的家常食物，爱尔兰其实充满了新鲜美味的食材，这是一块天赐的沃土，物产丰盛，品质优越，除了17世纪到20世纪中的特殊时期，爱尔兰人自古到今都享受着得天独厚的食物。只要有心寻觅，再加一点额外花销，必能发现许多天然的美味。

作为北大西洋上一座河流众多的岛屿，爱尔兰每年吸引着大量的鲑鱼（三文鱼）从海里洄游到湖泊产卵。到了春夏，大小河流都会出现鲑鱼云集踊跃逆流而上的景观。这些成熟的野生鲑鱼个头庞大，肉质肥美，与挪威和阿拉斯加的鲑鱼齐名，纯净的环境保证它们不受污染。冰川时代留下的诸多冷水湖泊静卧群山之中，盛产鳟鱼和鲈鱼，也是季节的美味。近年引进的彩虹鳟和商业养殖的鲑鱼价钱不如野生的贵，但全年产量稳定，质量也并不逊色。爱尔兰人不吃生鱼片，一般将鱼成块烤或煎至刚刚熟，浇上特制酱汁，撒一点迷迭香，非常原汁原味，肥腴清甜。讲究的做法还有将鱼肉在威士忌和蜂蜜中腌制，烤至金黄，汁液恰恰要渗出时出炉，无论是口感还是味道都绝对一流。

另一种做法是将大块生鲑鱼肉切成极薄的片，抹上盐，用原木燃烧产生的烟在低温下熏制，烟香盐香慢慢渗进鱼肉里，佐以悬挂阴干的效果，原本软滑的鱼肉变得结实略脆。熏鲑鱼成品由于未经煮熟，保留了晶莹剔透的鲑鱼红色，薄可透光，咸鲜细腻，一般像南欧国家食用火腿那样，做餐前冷盘、开胃小吃，可以搭配水果、饼干或肝酱，一点蒜茸奶油更是绝佳。在机场商店能见到许多精美包装的熏鲑鱼片，能保存一段时间，价钱也并不很贵，只是由于海关检疫问题恐怕不能带回中国，所以抓紧机会在爱尔兰品尝吧。

漫长的海岸线还意味着丰厚的渔获海产。爱尔兰西海岸远离欧洲大陆，直接面向广阔的北大西洋，终年都有丰富的比目鱼、海鲈、鮟鱇鱼、鳕鱼，养殖的贻贝（Mussels）和牡蛎（Oysters）只用海水中的浮游生物喂饲，完全天然，肥美多汁。一般的大鱼可作裹面粉炸鱼，肉质细嫩的比目鱼和鮟鱇鱼则多用于精细烹调，文火煎、烘烤、汤汁煮，每家鱼餐厅都有自己的拿手菜。贻贝最普遍的做法是蒜茸牛油葡萄酒煮，蒜辟泥腥，牛油香和贻贝的肥厚相得益彰，酒使得贝肉饱满嫩滑，而且价格很实惠。牡蛎则属于高档菜，论个卖，挤柠檬汁生吃最佳，并不是所有人都敢于尝试，尤其在牡蛎极其新鲜仍然微微扭动的时候。龙虾（实际上应该叫海螯虾）大螯里有大块的肉，吃起来很过瘾，一般白煮，做浓汤或用黄油烤。都柏林的霍斯半岛（Howth）、戈尔韦和科克以南的金塞尔（Kinsale）港口都是游客常造访的海鲜胜地，在当地的餐馆能吃到当天新鲜到埠的海产，不可不试。

若论野味，内陆山中出产野猪、狍子、野兔、雉鸡，按季节和捕获供应，而且价格不菲。如果你住在山庄式的高级宾馆，他们的餐牌上或许会有特供。近年来有人在农场上养殖袋鼠、鸵鸟和羊驼，所以偶然也能发现这些肉类。相比之下，由于植物种类单一，没有什么值得一提的素山珍。夏季的野果俯拾皆是，尤其是覆盆子、醋栗和各种野莓，就这么长在路边和林间，任人采撷。古代的故事里常有隐士独居山林，依靠野果、荇菜和泉水生存的记述。在夏天，大可以沿着郊野小路，甚至是就着人行道边探出别家花园的枝条，边走边采大丛大丛的覆盆子和黑莓吃，满手染紫，尽兴而归。荇菜和西洋菜长在泉水和清流边，茂盛翠绿，古代似乎是常食的蔬菜，现在却无人问津，远足看见了可以采一大把带回家清炒或煮汤。

爱尔兰人养蜂已有数千年历史。中世纪西欧没有蔗糖，甜味主要取自蜂蜜和甜菜，7 世纪一部法律（*Bechbretha*）专门解决养蜂产生的纠纷，可见当时蜂业已经十分发达。该法律有许多充满智慧的机制，例如如果一人养蜂，蜂群总会飞到邻居的田地采蜜，邻居就此有权利要求在三年后分群时得到一个子群，这样不仅公平，而且促进养蜂业的扩展，防止一人垄断蜂种。爱尔兰蜂蜜的主要蜜源是苜蓿、石楠和野果树（山楂、覆盆子等），产量少，但品质优越。

其实要觅美食，无需大费周章。寻常家畜农产就已经足以饱餐。传统上爱尔兰和英国的食客喜欢成熟早、肉质细软、脂肪含量高的牛肉，代表品种为海福特牛和安格斯牛，你会发现这两种占高端牛肉的绝大多数。而由于爱尔兰牛肉大量出口欧洲，欧洲食客更偏爱肉质瘦、成熟晚、体型大的牛种，现在也有许多的引进肉牛。无论何种，爱尔兰牛肉的优良品质都蜚声国际。牛奶、黄油和奶酪也价廉物美，特别是本地古老品种凯里黑牛（Kerry Black Cow）的牛奶，脂肪含量比常见的黑白花荷斯坦奶牛要低，更为清甜健康。

猪肉自古以来是爱尔兰人最常食用的肉类，尤其是做成咸肉和香肠。游客必然会注意到的一道菜是所谓的“爱尔兰式早餐”，依用料和分量可丰可俭，但一定会有煎香肠、咸肉片、黑白布丁、鸡蛋、茄汁黄豆和烤面包片，其实基本与英式早餐无异，最早也的确是英国绅士老爷们带来爱尔兰的，普通民众根本不可能吃得起。爱式早餐既是B&B旅店必备的早饭，也是餐馆招徕游客的全天候经典菜，价格从3.5欧元到20欧元不等。爱尔兰香肠不同于中国或西班牙的风干腊肠，它加进了比较多的面包糠（Rusk），而且每个牌子都有自己独特的配料和调味秘方。纯鲜绞肉馅的英式香肠也有很多口味，比如说蜂蜜芥子和苹果红莓的香肠，在烤箱里烤的滋滋作响甚至是脆皮爆开，油香四溢，配上土豆泥就是所谓的“爆竹菜”（Banger）。所谓黑布丁即是猪血加燕麦灌肠，白布丁则是猪肉、板油配燕麦灌肠，这两种一般都是切成厚片香煎。游客都会试试爱式早餐，只是一般的选料都是超级市场产品，味道一般，且很油腻。要想体会猪肉菜的精华，一定要到市场和肉铺选购本地做的新鲜香肠和咸肉，或者来一客中世纪式的蜂蜜烤排骨。

◊ 救命土豆

看到这里，读者应该已经感觉到一种奇怪的撕裂：爱尔兰是怎样的一个国度？一方面出产大量新鲜天然的高级食材，同时，甚至到今天，人们还是孜孜不倦地啃着最平庸无味的土豆。数据告诉我们，中部和南部平原地区一直盛产谷物，土豆传入不过是欧洲人抵达美洲之后的事情，最早大概在16世纪，此后很长一段时间内种植都仅限于少数庄园。中世纪的故事也指出爱尔兰人的主食长久以来都是小麦、大麦等谷物，磨成面粉做面包或稠粥，还有足够的剩余粮食用于酿酒。贵族武士们的宴席上各种肉类堆得山高（譬如“猛犬英雄”开头引用的描述），闲时不是劫掠邻居的牛群，就是到山林里狩猎野猪和鹿；隐修的僧侣多以取之不尽的鱼为食；就算是寻常百姓，用橡子和野果喂肥的猪肉也是常能吃到的，法律规定借宿的旅人有权得到主人以鲜奶、黄油和咸肉招待，“好客者”的名声更是要通过向过路人提供一口总是有熟肉的大鼎来挣取。那么，短短三四百年间爱尔兰人的主食是怎样从谷物转变为土豆，大多数人又是怎样沦落到连土豆熬白菜都放不起黄油的地步的？

说来也离奇，爱尔兰人吃土豆的习惯恐怕要归咎于英王亨利八世（1491-1547）不幸福的婚姻。这位相貌堂堂、精力充沛的国王总想生个儿子，一共换了六任妻子，可是他的历任夫人总是不尽如愿，要么无嗣，要么通奸，要么早逝，亨利自己也是出了名的到处留情。为了宣告此前婚姻无效，亨利不惜跟罗马天主教廷反目，自立为英国国教的元首，并没收修道院财产，剥夺教士的议员席位，从此英国向新教靠拢。亨利同时也宣称自己成为爱尔兰国王而不是在法理上有从属于教皇嫌疑的“爱尔兰大领主”（Lord of Ireland）。彼时爱尔兰人和12世纪后进驻的旧英格兰贵族仍几乎全部是天主教徒，国教在英国的掌权使得英爱之间的历史恩怨更系上了宗教分歧的死结。亨利八世及其后的英王为加强中央集权，消除爱尔兰诸领主反叛的隐患，努力想要把爱尔兰置于伦敦的直接控制之下，要求爱尔兰所有贵族向英王宣誓效忠，使用英语和英国法，听从总督指令，否则就没收土地和封号。英国的进逼引发了野心勃勃的提戎伯爵及西北爱尔兰的实际控制者伟大的休·奥尼尔（Aodh Mór Ó Néill），一位血统能追溯到爱尔兰传说时代众王之王的贵族的反抗。战争为时九年（1594-1603），最后以爱尔兰人的失败和1607年众盖尔贵族的出逃（The Flight of the Earls）告终，奥尼尔和他的同盟者大多流亡到天主教的西班牙和意大利，客死他乡。

盖尔贵族的出逃使得北爱尔兰大片地区失去领主。天主教西班牙和法国在战争中的插手，以及在英国王位争端中爱

△ 2007 年爱尔兰纪念邮票：《伯爵的逃亡》，中间右者为休·奥尼尔

尔兰对失势竞争者的支持，又使得当时正在争夺欧洲霸权的英王深感忧虑，担心爱尔兰的天主教性质会成为严重的不稳定因素。因此英王一边借镇压暴动之机没收爱尔兰领主和天主教会的土地，并以极优惠的价钱提供给英国的新教徒前来定居，一边通过一系列的《惩罚法案》（Penal Laws）剥夺天主教徒的权利。他们被禁止担任公职、参军、购买和长租土地、拥有马匹等。天主教会不得公开活动，不得开办学校，儿童要想上学，只能到拥护英王的新教学校，如果他们家境还能负担得起的话。更有甚者，鉴于爱尔兰传统由各个儿子平等继承遗产，法律规定如果改宗新教，长子便可以按照英国的通则优先继承，以鼓励财富集中到新教徒手中。这些看似是宗教派别之争，实则是加强中央集权和对殖民地的控制，对集政教首领为一身的英王之外的其他认同进行打压，天主教会的腐败专权只不过是个借口，甚至有英国来的官吏趁此机会对爱尔兰人横征暴敛。爱尔兰文学史上著名的《致阿尔特·奥莱利的挽歌》就产生于这一背景。

1767 年，24 岁的爱琳偶然邂逅了刚刚从匈牙利骠骑兵军队退役回国的上尉阿尔特·奥莱利（Art Ó Laoghaire）。阿尔特当时年仅 20 岁，出身于爱尔兰彼时仅存的几支天主教贵族家族之一，因为受《惩罚法案》限制，在爱尔兰无法服役或担任公职，只好到奥匈帝国服役。他的英俊和威严征服了爱琳的心，两人结婚成家，日子似乎就这么甜蜜地过下去。

然而奥莱利与当地的治安官亚伯拉罕·莫里斯久有龃龉。莫里斯身为英国国教徒，又是地方一霸，仇视爱尔兰天主教徒，极力推行《惩罚法案》；而奥莱利凭借他的出身和威望常常明里暗里反抗治安官的命令，因而被莫里斯视为眼中钉。终于有一次，治安官向奥莱利出价五镑要买他那匹出色的战马。按照《惩罚法案》，天主教徒不能拥有价值超过五镑的马匹，奥莱利的战马久经沙场，是一等一的良种，且不论价值远超五镑，奥莱利是不会割舍这匹随他出生入死的战马的。治安官借此刁难奥莱利，后者不肯就范躲藏起来，治安官便找了个缘由宣告他为逃犯，悬赏首级，见者可将其当场处决。奥莱利设计伏击治安官不成，反被治安官的手下追上杀死。他的战马逃出现场，身染主人的鲜血，一路奔回家中。爱琳一见就知出了祸事，纵身上马飞驰到凶杀现场，见到了丈夫的尸身。据说这首挽歌就是她目睹爱人横死的当下吟唱出来的，由于其蕴含的巨大感染力被在场的人记录下来。爱琳并非诗人，也许没受过教育，甚至不一定识字，这是她唯一的一首作品，也是她透过两个半世纪仍然震撼人心的绝唱。全文长达 350 多行，此处仅节选两段：

你啊，我坚贞的爱！
然而我仍不能相信你已遇害
直至你的马回家
缰绳曳地
你的心血染满它的脊背
从马鞍边上淌下
那是你曾骑坐，你曾站立的地方……
我一跃到门边
再跃出大门
三跃就上了马。

我双掌相击
疯了般奔跑
竭尽全力
直至找到你，生命已离去
在一丛矮矮的金雀花边上
没有教宗，没有主教
甚至没有僧侣牧师
为你念一首圣诗，

只有一名颓萎老妪

拿披巾一角把你掩盖——

你汩汩流出的鲜血

我没有徒劳去止住

而是以掌掬饮。

几十年间，人数很少的新教徒形成了在经济、政治上占绝对优势的新贵阶层（Protestant Ascendency）。这些新贵拥有的财富惊人，例如卢坎伯爵的地产就达240平方公里之巨。然而这些领主为了躲避爱尔兰的不稳定局势，基本不曾踏足自己的爱尔兰领地，而是长住在英格兰的庄园里。与此同时，爱尔兰80%的天主教人口大多生活在赤贫中，靠向“中间人”承租领主的地块维生。中间人以固定年价承包了领主的租佃业务，为了尽可能多的获益，就把土地分成尽量小的地块出租。佃农要为领主的农场服务，领十分微薄的工资，照顾畜群，垦耕土地，在大块良田上种植粮食，以供领主卖给市场，主要出口英国。干完了领主的农活，才能回到自租贫瘠狭小的土地上翻耕，靠其中的产出养活一家人。种植谷物在这种时间和面积条件下根本不足以填饱肚子。

这时，来自南美洲的神奇作物土豆横空出世，成为爱尔兰人民的救命口粮。土豆适应爱尔兰的湿冷气候，在条件不佳的土壤里也能生长；它不需要过多的照料，而且单位面积产量高。土豆本身富含营养，能同时替代粮食和蔬菜。讽刺的是，随着18世纪爱尔兰商品农业的扩展，出口的优良谷物和牛肉、奶制品成倍增长，城镇经济日益繁荣，本地人口却陷于越来越严重的贫困，原本只是用于弥补歉收和冬季口粮不足的副食土豆完全变成了民众日常的主食。爱尔兰人的饮食习惯就是从这时开始改变的。

几个数据颇能说明这种矛盾：从前爱尔兰以畜牧业为主，饮食中奶肉制品占很大比例；新贵地主为了商业目的把大片土地改为种植粮食，到1840年左右，2万4千多平方公里的良田种植谷物，而今天只有这个数字的六分之一。1845年单年有4万多公吨的谷物，25万多头羊出口英国。与此同时，完全依赖土豆的农民男性每人每天平均消耗6公斤左右的土豆——很难想象他们怎么吃下去——说明了他们几乎没有任何其他食物。·份对多内加尔郡（Donegal）一个教区四千名农民财产的统计指出，在这四千人中只有一架犁，两张羽毛床垫，八张稻草床垫，没有靴子、没有除土豆和白菜之外的任何蔬菜，许多人从未吃过肉或鱼。

19世纪40年代，有六十万无地农民从中间人处承租狭小贫瘠的地块，租约周期通常是11个月，以现金、实物或劳役支付，若无力支付就会被驱逐。短租期一方面无法保护租户的生计安定，哪一年收成不好交不上租就得滚蛋；另一方面也使租户缺乏动力改良土地、合理轮耕，而去追求快速收成的作物。租户和地主之间完全没有社会和道德上的联系，剥削和欺骗相互孳息。当时，一半的农村人口都挤在单居室的小平房里，科克郡西部甚至八成人口都居住这种房子。房子大多没有地板，无法排水，肮脏黑暗。同时代的报道把农民的不思进取、贫困愚昧和土豆联系起来，英国记者威廉·科贝特（William Cobbett）称土豆为“懒惰之根（Lazyroot）”，认为种植容易的土豆养成了爱尔兰人懒散的习性，只要有口土豆吃，就不愿意改善土地和作物，连自己的房子都懒得打扫。科贝特没有留意爱尔兰人的贫困和落后深深根植于殖民地的歧视政策和不合理的土地所有制，但这一类的言论更为加深了外人对爱尔兰农民的偏见和不信任。为了提升土豆产量，人们把先前品质更好、植株更健康的品种换成低劣易受害但高产的品种，换得多20%至30%的收成。尽管这一系统严重不合理且脆弱，增加的土豆收成和对廉价劳动力的需求还是使得人口在19世纪前半叶翻了一番，达到800万人。那时爱尔兰西部乡间

△ 阿伦群岛（Arran Islands）的石墙

完全不像现在游客看见的荒芜空旷，而是充满了摇摇欲坠的平房和纵横交错的小块田地，之间以石砌的围墙隔开。今天一些地方还保留着这种地貌，以“纯朴宁静的爱尔兰”的形象吸引游客；可是我们在看到这幅景象的时候，要明白它代表的不是田园牧歌般的惬意生活，而是压迫、不公和艰辛。

◊ 大饥荒（An Gorta Mór）：1845-1852

生活在炼狱中的爱尔兰农民视土豆为天堂来的作物，俗谚说，只要有土豆和泥炭（爱尔兰特有的燃料，见“幽默与美酒”一章），日子就还过得下去。只是被寄予全部希望的土豆远非无懈可击，过于单一的品种，加上经营不善，种植过密，埋下了病害的祸根。

土豆并不是没出过问题，然而此前的歉收可以用其他粮食补偿，当时政府的临时禁止出口粮食政策也帮助人民迅速渡过饥荒。这次不仅病害严重得多，过于依赖土豆的人口和不力的救济措施更是火上浇油，酿成了罕见的大饥荒，在人口、语言和地貌上都极其深刻地改变了爱尔兰，使它成为今天我们看到的模样。

1845 年，源自中美洲的土豆晚疫病（Phytophthora infestans）经由美国传到比利时，又迅速扩散至全欧。这种病使土豆在地里就发黑腐坏，所有国家的土豆产量都锐减，但只有在高度依赖土豆且贫富严重分化的爱尔兰，它才变成了灾难。当年秋冬，其他粮食都获得了丰收，土豆产量却减少了将近一半，全爱出现大批饥民，挣扎在生死线上。

其时大英帝国在维多利亚女王治下正如日中天，通过1801年的《联合法案》，爱尔兰不再是殖民地，而成为英国本土的一部分，理论上人民享有与英格兰人同等的权利，尽管爱尔兰的人均GDP只有不列颠居民的一半。爱尔兰议会呼吁中央政府用国库拨款救助，是年时任首相，托利党的罗伯特·皮尔爵士（Sir Robert Peel）从印度和美国进口玉米发放给饥民，并努力推进废除了旨在以高关税保护国内谷物种植者的《谷物法》（Corn Laws），以促进国外更廉价的粮食进口爱尔兰挽救灾民。可是玉米并不是一个好主意。那时候只有海运，速度缓慢，直到1846年春首批玉米才抵达爱尔兰，并且原颗玉米无法被人消化，还得在爱尔兰加工成玉米粉。事实证明玉米并没有起多大作用，废除谷物法对赤贫的底层农民而言效果也微乎其微，反而导致首相本人因农场主阶层的激烈反对而下台。真正缓解了燃眉之急的是一系列公共工程，政府雇用大批农民做工，让他们领到少量工钱去买粮食。此外，救济站发放热汤，一些组织建立的临时工厂也多多少少帮助了灾民。加上此前的土豆存量，1845年冬总算是熬过去了。

然而英国人当年在政府管理上仍在摸索阶段，公共工程的管理十分糟糕。根本没有什么实质性的工作可做，政府不仅没有任何发展爱尔兰基础设施的计划，还因为既得利益新贵群体明里暗里的阻挠无法开展工作。因此大量被雇用的爱尔兰农民每日辛勤地砸石头往无人的山上运输，建成没有任何用途的石墙；或者把路面挖开又填上，却不见道路有什么延伸。自然，这样的公共支出加上英国人对爱尔兰人固有的偏见激怒了英国民众，他们质问：为何要浪费纳税人的钱去做毫无意义的事情？爱尔兰人天生懒惰，一事无成，给他们钱他们也不做工，为何还要救济他们？ 新贵阶层除了少数慈善者，从不关心佃户的死活（不少人甚至从未去过爱尔兰），农产品仍源源不断地出口英国，英国民众见此不禁进一步诘问，这么好的收成，怎么会有饥荒？难道还不是因为爱尔兰农民自己游手好闲才没饭吃吗？为什么不能用爱尔兰自己的粮食来救济爱尔兰人，而要我们辛勤劳动来相助？

话虽如此，做起来艰难，19 世纪中叶正值英国自由市场经济思想深入人心的时期，“放任自流”（laissez-faire）的信条盛行，而且新贵在经济和政治上的影响力根深蒂固，英国政府连暂时禁止爱尔兰谷物出口都无法做到。皮尔首相下台后，上任的是约翰·罗素勋爵（Lord John Russell），一位极其保守的政客，他主张让爱尔兰自己解决问题，马上迎合了英国民众的情绪。分管公共工程的查尔斯爵士（Sir Charles

Trevelyan）甚至认为饥荒“是上帝派来惩罚爱尔兰人的”。不幸的是，同年灾害继续加重，由于人们不懂得真菌疾病的原理，特效药也要三十年后才由法国人发明出来，去年被感染的土豆留在地里侵害到新播种的土豆，土豆产量只有往年的四分之一。饥民进一步陷于饿死边缘。这一年初，新内阁宣布停止公共工程，转而通过《济贫法》（The Poor Law）强制地主按照地产上的人口多少出钱给临时工场和救济站，试图以这种“劫富济贫”的方式在爱尔兰内部解决问题。结果是灾难性的：地主们开始按照租约条款驱逐土地上的农民来逃避责任，现在灾民们不仅没有口粮，连生计和房屋都没有了。数十万的农民就此流离失所，许多在路上沦为饿殍。与此同时，荷枪实弹的士兵在港口守卫着成吨成吨的粮食和肉类送上轮船运往英国。

政府救助不力的背后有一个隐藏在许多政客心里的想法，虽然他们绝不敢冒天下之大不韪说出来，但毫无疑问是有这么一种共识：一场饥荒能解决不少爱尔兰的问题。首要的是大批贫困无产人口的生计，其次是由于历史原因形成的土地划分问题，过于错综复杂和面积细小的地产格局严重阻碍了商品农业进一步发展。然而很重要的一点是，如此多的天主教贫农非常容易变为社会不稳定因素，说不定哪一天就揭竿而起反对英国统治，迫害新教地主，就像以前曾经发生过的那样。政府不能提供大量的工作和教育机会让他们脱贫，而且一旦他们过上了像样的生活，可能更容易走上民族主义的独立道路。既不能鼓励他们自立，又不能任由他们贫穷，剩下最便捷的出路就是摆脱他们。饥荒能大幅减少“低素质”、贫困的天主教人口，抛掉压在爱尔兰头上多年的沉重社会负担，整合零散的土地资源，为重新规划和发展腾出空间。这些算计在经济学上来说的确没错，饥荒后的爱尔兰在经济上因此得以重振，然而这样的想法明显违背了人的良知，难怪一直有人认为当时的英国政府在密谋进行种族屠杀。现在看来，也许还没有到种族屠杀的地步，毕竟英国也实施了许多救济措施，至多只是推行了错误的政策，并且态度消极。然而爱尔兰人亲眼所见是乡亲倒毙的同时，粮食肉类依然被英军护送往英国；土豆颗粒无收的同时，伦敦的报纸却鼓吹爱尔兰人活该，谁叫你懒，只种土豆；亲人或死或逃，曾经剥削自己的地主却不费吹灰之力获得了自己辛苦耕耘的土地。于是有些无路可走的农民采取了最极端的方式，例如现在国家饥荒博物馆（National Famine Museum）所在地斯特罗克镇公园（Strokestown Park），原本是马洪（Mahon）家族的庄园，建立在16世纪末流亡的盖尔贵族奥康纳尔（O’Conor）的城堡遗址上，地主丹尼斯·马洪（Denis Mahon）于1847年饥荒的高峰被愤慨的农民杀害，庄园本身可以说就是这段历史的缩影。爱尔兰与英国之间的仇怨经此愈结愈深。

如果真的有人想进行种族屠杀，那么他们无疑做到了。越偏远、天主教爱尔兰人口越多的地区，死亡率就越高。儿童瘦得皮包骨头，像我们今天在某些非洲国家看到的一样。有的人倒毙路上，有的村庄几乎完全死绝。饥饿是一个原因，由于饥饿和恶劣的卫生条件导致的疾病才是最大的杀手：来不及掩埋的尸体、救济所里拥挤的环境、营养不良等。死亡人数之多，甚至无法确切统计。

更多的人选择了逃离，远赴英国、澳大利亚、美国等地谋生，登船的时候两手空空，还有许多病死在路途上。爱尔兰裔在美国形成了庞大的群体，尤其在波士顿、纽约等大城市，最多时爱尔兰人占到三分之一。初期这些移民多从事最底层的工作，但随即他们就适应了这个社会并融入了各个阶层，在政商界发挥重要力量。移民们把对英国的仇恨带到了自由新世界，回头看不幸的故乡，其中一些人立志要改变祖国的命运。由此，爱尔兰独立运动得以发端并最后缔造了爱尔兰共和国。

1847 那一年，

我熟悉的一切尽数改变。

邻居、好友和爱人，
幻影一般眼前消逝。

我登上客船，远渡重洋。
迎向惊涛骇浪。
为了明白梦想之地，
我抛弃了亲爱的家乡。
——强尼·麦克弗依《饥荒之歌》

现代的历史学者大多用估算的如果未发生饥荒爱尔兰按自然增长率应有的人口减去 1851 年人口普查的数字，得出将近 250 万人的差额，其中死亡大约 100 万，移民约 150 万，等于整个爱尔兰的人口消失了四分之一以上，消失的主要是农村人口。一直到现在，爱尔兰的人口也没有再恢复到这个水平。此后，爱尔兰西部变得空旷荒芜，当你到康尼马拉（Conamara）、西芒斯特去游览，流连于纯朴原始的风景时，勿忘记这是大饥荒留下来的空白。

很难确切描述大饥荒对爱尔兰的影响，它在许许多多方面都是爱尔兰历史的分水岭，老爱尔兰的大部分记忆被抛在

△ 饥荒后被遗弃的房屋，戈尔韦郡（Co. Galway）

△　都柏林，饥荒纪念群雕

身后，一个新的动荡时代随着世界格局的重新洗牌就要到来。

◊ 爱尔兰语的薄暮

一直到18世纪初，爱尔兰岛上绝大部分的人口母语和日常交际语言都是爱尔兰语，英语和英国文化只通行于都柏林周边一小片地区，即所谓的“藩篱区”（Pale）。如前几章提到的，爱尔兰语的传统文化非常昌盛，拥有海量的书面文本、丰富的口头文学和完整活跃的文化阶层。甚至连早期进驻爱尔兰的维京人和诺曼—英格兰贵族都完全融入了本土文化并为之带来更新气象。尽管早在1367年，诺曼入侵两百年后，就有了用诺曼法语写的《基尔肯尼法案》（*Statute of Kilkenny*），由诺曼—英格兰贵族和基尔肯尼市民颁布，旨在禁止诺曼—英格兰人跟爱尔兰人通婚、说爱尔兰语和采用爱尔兰传统法律，然而爱尔兰文化的魅力实在太大，连南爱尔兰最大的诺曼—英格兰领主，第三任德斯蒙伯爵吉拉德（1335-1398）都因为其爱尔兰语诗歌的成就而名声在外。这些“旧英格兰”领主接替了此前的本土国王，成为诗人、学者、法学家的赞助人，实际上庇护着爱尔兰本土文化和制度的传承。难怪历任英王常担忧他们“比爱尔兰人更爱尔兰人”

（Hibernis ipsis Hiberniores）！

随着北部领主在18世纪初的逃亡，讲英语和低地苏格兰语的平民被安排大量移入北爱尔兰进行垦殖。然而给爱尔兰语致命一击的并不是移民，而是英国的歧视性政策。自17世纪以降，爱尔兰语虽然有数百万的母语者，他们绝大多数却都处于极其不利的社会和经济地位。随着旧领主的衰落，依附于他们的传统文化阶层以及爱尔兰语典雅文学迅速消亡，到了17世纪末，原本遍布全爱的学者家族和他们开办的学校基本都消失了，满载古代知识的手稿被遗忘、丢弃，或是当成古玩卖给收藏者，很多现存的手稿都是在17世纪末被少数几位有识之士从这些学者家族的后人手中抢救性收购的，可想而知失落了的何止百倍；而光是这些仅剩的手稿，已经足以让人们对中世纪以来爱尔兰文化的成就啧啧惊叹了。此时，由于天主教会被禁止办学，识字基本上等同于接受新教英语教育，而这些学校禁止学童讲爱尔兰语，被老师听见了，轻者打手板，重者开除。由此而来，讲爱尔兰语人口的形象从中世纪早期“知识的灯塔”迅速堕落到被跟文盲、落后、愚昧，甚至宗教极端分子等负面概念联系起来。要赶上第一波工业革命的浪潮，进城找到工作过上体面生活，就必须学会讲英语，举止像个英国人，很多进了城镇的爱尔兰人于是鄙弃爱尔兰语为一种粗鄙无用的语言，甚至拒绝在家跟自己的孩子讲爱尔兰语，以免他们沾上爱尔兰语口音，在学校被取笑或者惩罚。

几代人的时间里，不仅城镇全面完成了向英语的转变，爱尔兰语甚至也在乡村大规模退缩。到 19 世纪中期大饥荒之前，爱尔兰东半部已基本上转为说英语；而大饥荒殃及最深的正是剩下的西部农村人口。整片整片的语言群体由于死亡和移民消失，爱尔兰语生存所依赖的人群、文化和传统生活方式被无情地摧毁，古代流传下来的知识再也无人知晓，美妙的故事随着歌手逝去被完全遗忘。如英国政府所期待的，英语、英国法和“文明的”英国生活方式进入到每个角落，那拥挤、穷困、灰暗的过去仿佛只是一场幻梦，只有偶尔遗留的平房残垣和孤独的墓地提醒人们曾经发生过的惨剧。到了 1900 年，爱尔兰语只能龟缩在西部和南部的几处海岸苟延残喘。这些地区被称作“盖尔语区”（Gaeltacht），是爱尔兰语作为群体的母语传承最后的堡垒。

尽管爱尔兰独立建国后把爱尔兰语奉为国语，要求每个学童从小学开始就要学习，爱尔兰语使用者几个世纪以来的不利地位并没有得到根本扭转，爱尔兰语依然被视为无用；加之使用母语者数量已经很少，教育水平堪忧。很多人都觉得强制爱尔兰语教育是学生时代的痛苦记忆——他们宁可去学习德语、法语这些更“有用”的语言。至于政府公文全都要翻译成爱尔兰语，路牌都要双语，对于许多民众来说都是纯粹的浪费钱财，因为这些翻译不仅没有人会读，还常常不准确。说真的，有多少人知道西港（Westport）的爱尔兰语名字叫 Cathair na Mart，霍斯（Howth）的名字叫 Beann Édair？都柏林附近有个小镇叫扫把桥（Broomsbridge），我亲眼见证了这个镇的爱尔兰语名字从完全意译的 Droichead na Scuab 变成跟英语一模一样的 Broomsbridge，又变回半爱半英的 Droichead Broom，如果真的有人按着爱尔兰语名字认

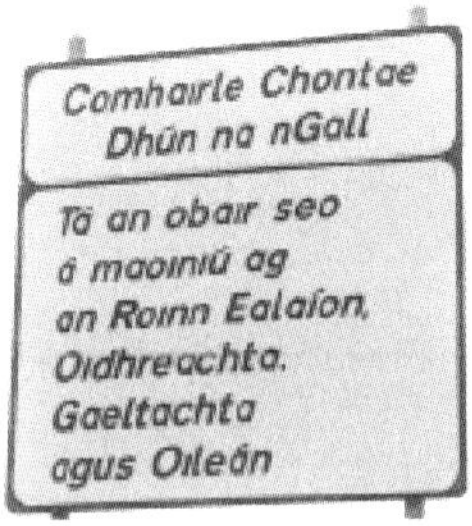

△“盖尔语区的路标

路，那估计连家门都找不着了。

根据2016年的人口普查数据，爱尔兰共和国只有73803人报告说自己每日在学校以外的环境会使用爱尔兰语，仅占人口的1.7%，比2011年人口普查得到的数字还要少3382人。这7万3千多人并不都以爱尔兰语为母语，甚至不一定讲得好。即使在盖尔语区，也只有21.4%的人口（20586人）每日在学校以外使用爱尔兰语，比2011年下跌了11.2%；盖尔语区居然有三分之一的居民承认他们并不会讲爱尔兰语。虽然在都柏林、戈尔韦、沃特福德等城市都出现了小规模的爱尔兰语使用群体，也成立了不少以爱尔兰语为授课和交流语言的学校（Gaelscoil），其中培养出来的学生爱尔兰语都是比较流利的，从整体看来，爱尔兰语的前景还是堪忧。

话虽这么说，但爱尔兰语是否真的“无用”呢？这是一个在各种公众讨论中频繁被触及的话题。自19世纪以来，爱尔兰语被绑定于爱尔兰民族主义和身份认同上，但这种诉求在民族主义已经过气、社会多样化的当下不免显得荒谬。人们不再认为存在什么“纯粹的”爱尔兰人，而且再怎么说，讲一口学校教出来的磕磕碰碰、错误百出的“破碎”爱尔兰语似乎也不能带来多少民族自豪感。反对爱尔兰语教育的人主要从效果出发，认为爱尔兰语两百年来根本已经成为绝大多数爱尔兰人的外语，反正是学一门外语，不如学一种能跟别国交流使用的。

然而，爱尔兰语是通往爱尔兰深厚文化遗产的必经之途，不懂爱尔兰语就很难接触和理解本国的历史文化，把人们变成无根的漂泊者，自己土地上的陌生人。韩国和越南废除汉字，就已经造成了历史文化断层的尴尬局面——年轻一代完全无法读懂现代之前的历史档案、汉文文学。爱尔兰语，哪怕是“后口语”（post-vernacular）时代的爱尔兰语，只能通过只言片语而不是完整的语言能力将人们跟文化遗产相连，也为爱尔兰的英语文学创作提供了无穷无尽的灵感和想象，催生出璀璨的文学群星。小小的爱尔兰，产生过四位诺贝尔文学奖得主（叶芝、萧伯纳、贝克特、希尼），还有那些脍炙人口的名字：王尔德、斯威夫特、C.S. 刘易斯……很难想象如果没有对爱尔兰语及其文化的理解和热爱，乔伊斯还能写出《尤利西斯》，希尼的诗歌还能如此深沉动人。

人们常有这样的负面印象，爱尔兰语的式微是因为它的内在缺陷，跟不上潮流，不能充分表达现代社会需要的各种概念，然而事实恰好相反。爱尔兰语衰落是因为爱尔兰语使用者在过去两三百年内遭受的政治压迫和经济剥削，导致人们被动或主动地放弃爱尔兰语，将它视为卑微、无知和穷困的标志。现代爱尔兰的努力到底能不能拯救甚至复兴爱尔兰语，还需拭目以待，然而爱尔兰语从辉煌到濒危的曲折命运给我们所有人都敲了一记警钟：一种语言的衰落，往往意味着其使用者遭受了歧视和不公。保护语言多样性，也就是保护了人们的平等和尊严。

六

幽默与美酒

Atá ben as tír——
ni heperr a hainm,
maigid esti a delm,
amail cloich a tailm.
有位乡下来的女士——
她的名字在此不提，
她爆出的响亮屁声，
好似飞石脱缰而去。

爱尔兰人素以幽默闻名，他们的笑话短小精悍，却直击要害，让人久久不忘。上文这首 10 世纪的讽刺诗对仗工整，

△ 《爱尔兰画像》（Image of Irelande ）(1581)，一本英国出版的同时代爱尔兰游记，这幅木刻版画描绘爱尔兰筵席的“野蛮”场景：注意画面右上角有两位专门以放屁取悦观众的艺人（farter）。

琅琅上口，让一个屁流芳千年。这就是爱尔兰幽默的力量。

◊ 超自然讽刺

讽刺之所以具有这么大的威力，还是因为像“猛犬英雄”一章里说的，荣誉和面子在古代爱尔兰社会几乎就等同于一个人的生命价值。如果一个外貌有缺陷的人被人恶意起了个绰号，法律规定每次他在公共场合被取笑，就可以罚起绰号者一钱银子。但是如果讽刺得有理，例如被取笑的人特别吝啬或讨厌；或者讽刺诗作得特别精彩，往往那个倒霉蛋就要从此顶着污名过一辈子，而得不到任何赔偿。既然慷慨豪爽是人们特别推崇的品质，尤其对于贵族而言要对来访的客人热情招待，赠与诗人大量的礼物作为对颂歌的回报，吝啬就当然是讽刺诗最常见的对象。据说爱尔兰最早的讽刺诗就是在一位诗人受到达南神族的暴君布雷斯（Bres mac Eladan）冷漠对待之后愤而创作的。布雷斯为人小气，又横征暴敛，诗人科尔普勒（Coirpre mac Etna）前来拜访，却被安排在一间狭窄的小黑屋里过夜，晚饭端上来，只是一小块干面饼，睡觉连床铺和火炉都没有。科尔普勒在地板上挨饿受冻了一夜，第二天告别的时候赋诗一首：

没有佳肴碟上送来，

没有滋养牛犊的鲜奶，

夜幕降临，没有像样的地方住，

付不起讲故事的歌手酬劳——

愿布雷斯的生活永久如此！

从此布雷斯的王国里灾祸连连，再也没有丰饶收成，不久自己也被推翻。这首讽刺太过直白，简直就是诅咒了。的确，诗歌蕴含的超自然惩戒力量是诗人阶层在古代爱尔兰享有特殊尊荣的原因。在个人的身份被牢牢限定在一小片地域上的年代，绝大多数人一生的生活半径不超过16英里，除非有本地主人庇护，一旦离开了所属的邦国就不受法律保护，连国王也是如此，只有诗人、法学家和有特殊技艺的工匠除外。他们云游四方，用知识和手艺为出价最好的主人服务，凭着能力得到保护和权利。诗人们在贵族宫廷里各展其能，为恩主歌功颂德，用讽刺和诅咒打击恩主的敌人。多年刻苦训练使他们得以用高度淬炼的诗歌形式背诵贵族们的谱系，复述上古传说中那些显赫法官判决的先例——可别小看了这些传统，在一个没有政府档案，也没有书面田契的年代，诗人的话就是金科玉律。试想一下，如果两人对簿公堂，一个只会说："俺家从来就有这块地，打爷爷的爷爷那辈开始就在那放牧了。”另一个则当堂吟诵一首诗歌，格律完美无瑕，里面巧妙地嵌入古代的敕令，证明该土地是开国太祖钦赐给自己祖先的，法官会相信谁？人们当然会认为，这样的诗歌不可能当堂捏造，一定是真实的古代传统，经过多代诗人反复锤炼，作为证据比平白无奇的口语更为可信。同样，如果某诗人用优美的格律讽刺了一位贵族，大家多数会相信这个贵族真的吝啬刻薄，举止粗陋，他就是浑身长嘴也辩不清。诗人也抓住了大家对他们的敬畏：他们记录的许多故事里，杰出的讥讽会直接让被讽刺的对象毁容，长出三个大水泡，一个红，一个紫，一个绿，完全没法见人，就算他有能力不让别人听见讽刺诗，只要一露脸，别人就知道他被诗人嘲讽了；唯有道歉赔偿，好好恳求诗人再为他作一首颂歌，才能抵消伤害让水泡消去。爱尔兰人对诗歌超自然力量的深信不疑甚至影响了殖民者，1414 年一位英军中尉的横死，在编年史上就被归咎于诗人严厉的诅咒。

中世纪爱尔兰的诗人在身份、言论的自由和平衡森严等级带来的权力滥用效果上，颇为类似其他文化里的弄臣或游吟歌手。他们不受政治疆域约束，游离于社会等级结构之外，可以对贵族和国王的不公发声，用舆论的力量限制统治者。不过比起以疯癫滑稽为掩饰的小丑或风餐露宿的游吟歌手，爱尔兰的诗人对贵族而言更为重要，物质条件和社会地位都要高出不少。文学中常把恩主和诗人的互惠比喻成爱人的亲密关系，宴会上恩主是要和他的御用诗人分享一张坐榻的。如果一位诗人在本土诗歌、法律和神学上均有修为的话，他的荣誉价（亦即社会地位）就相当于一个大邦国的国王。只是人无完人，诗人有时也会滥用权力和地位来强取豪夺，利用别人对诗歌力量的惧怕敲竹杠。有一系列故事描绘了一个叫阿瑟尔涅（Athairne）的诗人，虽然技艺高超，可是心术不正，对所到之处的各个领主强行勒索提出不公的要求，例如让一位独眼国王献出仅剩的眼睛，或是与另一个国王正在生产的妻子同床。他蹂躏了伦斯特省之后，走时还不忘挑起阿尔斯特和伦斯特的战争。奇怪的是大家似乎完全拿他没办法，只能避而远之，这个恶人居然也没受到什么恶报。不过还有一个故事提到，阿瑟尔涅自己非常吝啬，从不在人前吃东西，以免别人要求分享。然而有一天他悄悄地带着一口肥猪和一瓶美酒躲起来的时候，有个人突然出现，说："独乐乐不如众乐乐！"把他的猪和酒拿走了。阿瑟尔涅非常生气，但他毕竟是诗人而不是武士，唯一的武器是他的诗歌。于是阿瑟尔涅问那人："你叫什么名字？"那人说："小人贱名不敢污您的耳朵，叫作 Sethor Ethor Othor Sele Dele Dreng Gerce

Mec Gerce Ger Ger Dir Dir。”这个明显是捏造的名字又长又怪，这下可把阿瑟尔涅难住了，作不出讽刺诗来，瞠目结舌间那人赶着肥猪扬长而去，诗人也终于受了一点教训。这些故事也许是诗人们创作用以警醒自己不可贪婪的，而实际上，诗人的训练艰苦漫长，要远近闻名，让人敬畏有加，本身必须有极深的学识和修养，能做到者为数寥寥，滥权的事情不大可能发生。法律也规定，如有借诗敲诈或滥竽充数，诗人要被重重罚款。

◊ 麦康格林的美食幻境

要说到中世纪爱尔兰幽默文学的佼佼者，还是首推 11 世纪的《麦康格林的幻象》（*Aislinge Meic Con Glinne*）。这篇故事围绕的主题仍然是学者如何用智慧讥讽吝啬的富人，给自己换来名誉和财富，但讽刺的对象不再集中于国王，而主要是脑满肠肥的高级教士，聪明的主人公也不是早已享誉的大诗人，而是身无分文的穷酸书生。比起传说中大诗人的光辉事迹，《麦康格林的幻象》更有阿凡提式的草根气息，不仅记录了麦康格林吟诵的有趣讽诗，还通过各种幽默的描写，在整部文本层次上构成了一篇批判性作品。

开端是这样的：芒斯特国王卡萨尔正被贪魔附体，饕餮无度，即将把国库吃空，国内基督教士皆自称虔诚，却没有一个能借上帝之力把魔鬼赶走。邻国有一位学者名唤埃涅尔·麦康格林，学富五车，名扬四海。他擅长讥刺，又精于颂扬，因而叫作埃涅尔。这名头得来不虚，因为他所作的讽刺诗或赞美歌之精巧称得上前无古人，后无来者；人们要是拒绝他，很容易闹得个脸面无光，所以叫作埃涅尔（不可拒绝）。

这学者一日忽然心生奇想，欲往海内云游，抛下诗歌格律与圣贤经典，皆因学术生涯已让他心生厌倦。他细细掂量，该到哪儿去云游，好赚得个荣华富贵。最后他拍板，去投靠斐君之子卡萨尔。这国王正在芒斯特巡视，埃涅尔听说他那儿美食珍馐应有尽有，慷慨提供，更当这学者腹中饥饿难耐，馋虫骚动，早已许久不闻肉味，当即横下决心。他卖掉仅有的一点身外之物，换得两块麦饼，一片陈腊肉，上面只有一小条白油。他把这些统统塞进他的破书袋。

第二天一大早，他便把衬衫往杖头上一搭，裹紧了白斗篷，拿个铁别针别上。他把破书袋往自己的驼背上一甩，拄着教士的牧羊杖出发。

他行复行行，来到一座开着门的客舍。这天“三福临门”，风、雪、雨齐在门口呼啸；风把屋顶上的茅草卷了个干净，又把壁炉里的灰烬尽数刮出另一道门，或者扫进床下，抛出窗外，塞进缝里——好一处豪宅！

客舍里的被铺乱七八糟，卷成一团，里面住满了虱子跳蚤。有什么奇怪的呢，这些被子晴天从来不晾到外头，晚上也不挂起来。门柱边放着一口浴缸，昨晚的水连同泥垢仍在里面。

这学者连个洗脚的小二也找不着，只好自己脱鞋在浴缸里洗了脚，末了还在那儿刷了鞋。他把书袋挂在墙上一个钉子上，晾起鞋子，把自己连头带脚裹进被子里。那被子里的虱子跳蚤，不夸张，像海里的沙、早晨的露和天上的星一样繁多，全都在咬他的腿。不过倦意终究太甚，他还是睡去了，没人招呼，也没个人来致意。

麦康格林被科克主教发现，因为主教待客太吝啬，吟了一首讥讽诗，被主教下令处死。他以自己的机智数次拖延行刑，又得知国王卡萨尔正被贪魔附体便声称自己能包治国王的怪病，被放进宫里。他向国王讨吃的：

“国王，我真不忍心看着你自己吃喝，”麦康格林说，“如果有朋从远方来，向你索要礼物，他们看不到我和你的面包共舞的话，肯定会有意见的。”“的确如此。”国王说，给了他一个苹果，同时自己往嘴里塞了两三个。（贪魔缠身的这三年，国王从来没有这么慷慨过，竟然给学者一个野苹果！）

“两种学问总比一种好。”麦康格林说。

国王再抛给他一个。

“三位一体的数目！”麦康格林说。

国王再抛给他一个。

“以基督起誓，福音书有四部！”麦康格林说。

国王再扔给他一个。

“摩西五经！”麦康格林说。

国王再给他一个。

“第一个能被自己的部分整除的数就是六！”麦康格林说。

国王再抛给他一个。

“世间的王曾被预言七件事：受孕、降生等等……”麦康格林说。

国王再抛给他一个。

“福音书的天国八福，哦全能权柄的主！”麦康格林说。

国王再扔给他一个。

“天堂的九个等级，哦全世界的征服者！”麦康格林说。

国王再扔给他一个。

“人分十等，哦国土的保卫者！”麦康格林说。

国王再抛给他一个。

“出卖主后使徒的不完全数目！”麦康格林说。

国王再扔给他一个。

“尽管犯下了罪，使徒们的全部数目！”麦康格林说。

国王再扔给他一个。

“胜利中的胜利，基督加使徒的数目！”麦康格林说。

“得了得了，以圣巴尔的名义！”国王叫道，“再这样数下去你把我吃了吧！”……

最后麦康格林想出一个办法，把国王绑在柱子上，自己在他面前大快朵颐，一边褒扬食物多么丰盛美味。国王馋得不行，眼珠子都快掉出来了，却手足被缚，无可奈何。贪魔终于按捺不住，从国王嗓子眼里钻出来，消失在空中，临行前还不忘反讽一番：“要不是芒斯特的僧侣们如此智慧虔诚，如此纯洁诚实；要不是国王如此可敬英明，你也不会来驱赶我！”

讽刺当然不限于饱读诗书的文化人，正如在我们自己的社会里一样，劳动人民的嘴里不时也会蹦出绝佳的讽刺与幽默，只是流传下来的少而又少。有一首打油诗是这样描述某位吝啬农场主的：

“我经过这片牧场，
清清的小河流过，

这里盛产好奶酪——

可惜外人见不着。”

幽默并不是讽刺的必备要素，但是幽默滑稽的讽刺能让听众印象更深刻，造成的伤害更严重；反过来说，根据一种从古希腊延续至今的理论，我们发笑是因为我们感觉自己比被取笑的对象更优越，更健康，道德上更正当；又或者，滑稽是因为我们察觉到既定的概念和现实之间的错位和不连续而产生的效果，例如讽喻表面上的不动声色和隐藏的深刻批判之间的差异。因此讽刺常常和幽默联系在一起，讽刺文学也是我们了解古代爱尔兰幽默文化最重要的来源。

◊ Crack

除了讽刺，爱尔兰人还极其善于自嘲，拿头顶的天气、身边的怪事、自己的生活来开涮。他们往往在普通的对话中插进一个段子，口气平淡，不动声色，让你以为他不过是在讲生活中又一件平凡的琐事，听到最后却忍不住捧腹，暗骂一声“胡说八道！”在爱尔兰英语里有一个词“Crack”，来自爱尔兰语的Craic，意为“欢乐，开心”，几乎每天挂在人们的嘴边。

这种欢乐的来源往往就是三两好友闲扯瞎聊，饮酒助兴，抛出一堆又一堆的胡说。

有一次我到多山的克莱尔郡去旅行，看见陡峭的山坡上雪白的绵羊在悠闲地吃着草，远处是连绵的海岸，不禁赞叹好一幅田园美景。司机唠嗑着本地的风土人情，突然问我们："你们知道怎么分辨绵羊是不是产自克莱尔的吗？"大家面面相觑，心想：这个问题大概只有农夫和畜牧专家才知道吧？司机接着不紧不慢地说："太容易了，这儿的绵羊总在陡坡上吃草，所以一边腿长，一边腿短。"

爱尔兰人最喜欢拿来开涮的就是他们湿润多雨的天气。拜北大西洋暖流所赐，爱尔兰纬度虽相当于黑龙江，却终年温和潮湿，海洋吹来的气流带来雨云，说不准什么时候就会突然下起雨来，一年里晴空万里的日子寥寥可数，地上总是没干过。这样的天气孕育出世界上最肥美的牧场，但却往往让游客扫兴而归。有一个流传已久的段子，按爱尔兰人的方式得这么讲：

当你从都柏林的旅馆走出来，坐进一辆出租车去海边，却望着窗外聚拢的乌云心道不妙的时候，司机就漫不经心地开着车，一边从后视镜里望你一眼，一边用浓重的都柏林口音说：

“是吧，爱尔兰的天气就是这样，你得适应哦。其实你运气还算好的了，今天雨看来也不会下很大，这段时间……（以下省略五百字头头是道的天气评论）要是去西海岸，那天气才叫差，上次有个美国游客告诉我，他到那旮旯时天天下雨，一个星期后他忍不住了，问一个当地小孩子：‘哎小孩，你们这儿到底停过雨吗？’小孩说：‘我咋知道，我才六岁。’”

胡说八道还可以跟讽刺结合在一起，构成绝佳的批判利器，例如有名的《沃特福德耳语报》（*Waterford Whispers News*），实则是一个专门用胡说八道讥砭时事的网站，在社交网络上有大批拥趸。它的主编科伦·威廉逊（Colm Williamson）住在沃特福德，失业之后在网上写着“伪新闻”玩，想不到被家人朋友看过，捧腹大笑之余为他四处传播，现在已经成为爱尔兰最受欢迎的时事评论栏目之一。科伦用词大胆，脑洞无垠，辛辣而深刻，从以下这些标题可见一斑：

“与同性恋者握手时镇定咽下自己的呕吐物，麦克彭斯（美国副总统）广受赞誉。”

“本地肉牛抨击素食主义者：‘我就是想被吃掉，怎么着？’”

“大型夜跑现场失控，造成16名行人丧生。”

“本地议会推动就业增长，新雇佣250名工人围观修路现场。”

“美国慷慨解囊，捐出380亿美元救助贫困、深受战乱之苦的以色列。”

“英国安全部门敦促穆斯林：不要穿得像个恐怖分子。”

比所谓的“震惊部”“标题党”走得更远，《耳语报》里的报道都是不折不扣的假新闻，然而这些“虚假信息”蕴含的洞察力和社会责任感，比很多一板一眼写出来的严肃报道不知道要高到哪里去了。

爱尔兰式玩笑中总是藏着大量的生活智慧，其中的佼佼者莫过于“墨菲定律”（Murphy’s Laws）。

按照维基百科的介绍，墨菲定律最早是由一群美国工程师以各种各样的方式提出来的，概括来说就是“凡是有可能出错的，就一定会出错”。但是它一直和一位爱尔兰裔的名字爱德华·墨菲（Edward J. Murphy）联系在一起，而且当之无愧地是由爱尔兰人把抽象的概率论和心理学演绎成有无数变体的幽默生活智慧。今天你走进爱尔兰的旅游纪念品商店，例如卡罗尔（Carroll’s ）或者爱尔兰（ Eire），都能看到印有各式爱尔兰版墨菲定律的T恤、马克杯出售，摘录几则如下：

△ 薛定谔的油漆："如果油漆未干，那它就是湿的。"

放心，独身主义不会遗传。

别跟笨蛋争执，旁观者看不出区别。

旁边的队伍一定快一点。

修理工人肯定从来没见过你遇到的问题。

你喜欢的东西要么非法，要么不道德，要么让你发胖。

如果你想借到钱，就得证明自己其实不需要这笔钱。

大家只有等你犯了错，才开始关注你。

你等待的信件总是迟到，而垃圾邮件天天准时投递。

越够不着的地方越痒。

……

◊ 狂欢的守灵夜

爱尔兰式欢乐最让中国人吃惊的，大概要数守灵文化。守灵（wake），顾名思义就是一个人去世后暂不下葬，而是在家中设一灵堂停放数日，他的亲朋好友彻夜不眠，聚集在灵堂的遗体周围守护。中国也有类似习俗，但一般会认为这是一个极其哀痛肃穆的场合，按照儒家的规矩一切娱乐、欢笑和享受都要暂停，只有遗孀鳏夫、孝子贤孙们在旁边痛哭。当然到了现代儒家礼法不再起作用，人们也通常只在殡仪馆作遗体告别，我就亲眼见过守灵的家属在殡仪馆里打牌嗑瓜子。我不知道中国各地农村的习俗如何，但像传统爱尔兰守灵夜那样狂欢的，我想大概还是很罕见的吧。爱尔兰的守灵可以分两节，前一节和其他民族相似，整理遗容，做缅怀演说，念经祈祷，家属痛哭等，旧时候大多会请来专业的哭丧妇女（keener），让她们来担任主要的哭丧（keening，爱尔兰语 caoineadh）和复述死者生平的角色。可是随着夜幕降临，邻居朋友陆续到来，气氛就逐渐大为不同。丰盛的食物和大量的好酒陈列出来供任意取用，长者点燃一根烟斗，让在场的每个人轮流吸一口。人们开始拉家常，老人或者讲故事的歌手讲述那些或凄美动人，或怪力乱神的故事，人群中不断传出低低的笑声。过不多久，在食物和酒精的作用下，故事慢慢变得幽默和带色，笑声变得肆无忌惮，有人吹起风笛跳起舞，有人互相眉来眼去，平时在路上不敢公开拉手的情侣们在昏暗的灯光下开始亲昵。到夜深，守灵变成一场狂欢，有游戏、竞赛和谜语，年轻人一改平日的毕恭毕敬，往牧师和长辈头上拼命扔土豆和泥巴，长辈也忘记了身份和他们扭打成一团。大家就在遗体旁边畅所欲言，饮酒作乐直至筋疲力尽。爱尔兰最著名的文学作品之一《芬尼根的守灵夜》一个重要的情节，就是被人以为已经死去的芬尼根，在为自己举行的守灵夜里被人们的喧闹和威士忌的酒香唤醒。

之所以如此“大不敬”，是因为在爱尔兰人心目中，守灵不仅是一个标志着死者永远离去，群体蒙受损失的过程，也是剩余的群体成员找寻一个重新整合的方式，感怀生命美好的过程。既是葬礼，也是庆典。遗体周围的空间被认为具有特殊的“阈限性”（liminality），那里既不属于生者，也不属于死者，日常的规范不起作用，人们可以做平时不能做的事情。这一空间也因为特殊而具有某种力量，例如那里掉落的烟灰会被人们小心收集起来，挂在屋梁上作为祛除疾病的护身符。

◊ 美酒与口才

欢乐当然要有美酒相伴，这是爱尔兰人的生活态度，或者毋宁说，这是人们心目中的爱尔兰人形象。有一则广为人知的笑话是这样的：

一天，一个美国游客走进一间酒馆。他自恃酒量大，想羞辱一下饮酒世界闻名的爱尔兰人，于是掏出500美元扔在桌上大声说：“谁能在两分钟内连着灌下十大杯吉尼斯啤酒，我就给他 500 美元！”没有人敢应答，还有一个小个子悄悄溜走了。美国人很得意，想：爱尔兰人不过如此！然而刚过了一会儿，那小个子转回来，抓起十杯啤酒咕噜噜灌下去，才用了一分半钟。美国人傻眼了，乖乖交出 500 美元，问他说：“你刚才干吗去了？”那小个子说：“哦，我不知道自己做不做得到，所以先到隔壁酒馆去试了一遍，成了才过来。”

嗜酒如命，巧舌如簧，一贫如洗却成天乐呵呵，这就是传统上爱尔兰人给别人的印象。9 世纪的时候有一位爱尔兰贤哲，约翰·司各脱斯·爱留根纳（Johannus Scotus Eriugena，意为爱尔兰出生的爱尔兰人约翰），他是当时最有学问的神学家之一，精通希腊语，常年在法兰克国王的宫廷任职。国王也听闻爱尔兰人好饮，想取笑一下这位大学者，便在一次宴会上，故意刁难桌子对面的约翰说：“用什么来分别醉鬼（sottum）跟爱尔兰人（scottum）？”约翰不紧不慢地回答：“一张桌子而已（Mensa tantum）。”这个回答真是无比机智。

由此看来，巧舌如簧应该是真的，爱尔兰人擅长口头艺术，不仅出了众多著名的文学家，殖民地时期在英国议会里最能言善辩的几个政客也都是爱尔兰人。英语里有一个词叫

blarney，很难准确翻译，必须要知道它来源的故事。布拉尼（Blarney）是科克郡一片地区，16 世纪该地领主蒙英女王伊丽莎白一世召见，要求他宣誓效忠。布拉尼伯爵跟当时的大多数领主一样并不把女王当回事，又不敢明着造反，抵达伦敦后便在陛下面前发挥了爱尔兰人的本事，说得天花乱坠，七扭八拐，滔滔不绝，大家都听傻了。然而伯爵离开后大家回味一下，却搞不懂他的意思到底是效忠还是不效忠。女王很受打击，之后每每碰到这种奉承了一大通却不着边际的高论，就会愤慨地骂："又是一坨老布拉尼！" 以上是一段真实的历史，而传说则把伯爵的巧舌归功于他城堡顶上的一块石头，据说只要亲吻过这块"布拉尼之石"，就能舌尖生花。但要做到并不容易，得仰卧抓着栏杆把半个身子探出墙外，冒着从高空摔下的危险。今天城堡已经成为爱尔兰最著名的景点之一，底下装了护栏，游人想提升口才不必有性命之虞。

爱尔兰人的口才是有来由的。作为一个交通不便的农业国，人们有大把的时间一起消磨，尤其在夜晚和漫长的冬季，家里寒冷，大家都聚到温暖的酒馆里长谈。传统社会中识字率不高，又有着极其优秀的口传文学，人们的口才就在长期的运用中锻炼出来了。英国的殖民地政策拖延了爱尔兰向现代社会转型，也使得原本人皆有之的口头语言能力在爱尔兰保存得特别完好。再说了，所有娱乐中，只有耍嘴皮子是不花一分钱的，贫穷的爱尔兰人还能有什么更好的选择呢？

生活的单调和艰苦同样使得爱尔兰人喜爱饮酒，最困难的时候，农民们只好喝私酿的土豆烧酒（poteen），酒精含量达60%-90%，粗劣却劲头极大。这种东西是法律明令禁止的，因为常常喝出事。据说要验证烧酒是否有毒的最好办法就是把它点燃，如果火焰是淡紫色的，那么应该能喝；如果是红色的就多数有毒；如果它爆炸了，你应该庆幸它没进你的肚子。在一个备受桎梏的殖民地，人们看不到摆脱贫穷和歧视的途径，除了移民，逃离现实最好的办法就是喝酒了。早期移民到英美的人多从事最底层的体力劳动，下班后无以消愁，只好在酒馆寻醉至半夜。美国禁酒时期，爱尔兰裔常从事私酿和走私活动。这些都助长了“醉醺醺的Paddy”的种族偏见。而爱尔兰人常常会提醒你，他们的人均消费酒精量在欧洲远不及英国人和德国人，然后他们会以爱尔兰式的幽默加上一句：“看来我们要加油赶上了！”

可是不要被数据迷惑了，那些爱喝的人的确是欧洲最嗜饮的群体之一，每年花数千欧元在豪饮上。整个国家都有一种浓重的酒精气氛。这样一个四百万人口的国家，每座城镇都有好几种本地特酿。在爱尔兰，如果一座村子小得只有一条街道，街上一定不止一间酒馆，哪怕没有教堂。有大学的城市每到周四晚上街头就会聚满醉醺醺的年轻人，喧闹直到深夜（因为爱尔兰实在小，大学生周末多数会回家）。首都都柏林的酒馆更是多如牛毛，詹姆斯·乔伊斯和明信片都有详细的描绘，我就不再多说。此外，吉尼斯（Guinness）酒厂是爱尔兰最大的雇主，每天产出近百万品脱的黑啤酒，其商标和衍生产品遍布全爱的纪念品商店，还高挂在都柏林市中心的铁路桥上。

◊ 老少咸宜吉尼斯

吉尼斯酒厂最著名的产品，除去形形色色带吉尼斯商标的雨伞、保温杯、婴儿围脖和马桶圈等旅游纪念品外也是唯一的产品，就是它的黑啤。从1759年开始吉尼斯家族就租下一块在都柏林城郊的土地，建起酒厂酿酒。这块地占地近400亩，其租约长达九千年，就在城东现在的休斯顿（Heuston）火车站旁边，俨然成了爱尔兰的地标之一，也是好酒者的迪士尼乐园。从任何一个方向你都能远远望到那数座笼罩在蒸汽之中、仿如《一千零一夜》里阿拉伯皇宫的圆顶高塔，还有旁边带全景玻璃幕墙的“重力吧”。靠近一点就能看见高墙和巨大的铁门里面宏伟的管道和能容纳上万加仑的巨型发酵罐。再考虑到它一年往全世界卖出 8 亿 5 千万升的啤酒，已经运营了 250 多年，在吉尼斯酒厂面前的任何一个人类个体都会深深地发觉自己的渺小和短暂，仿佛杰克沿着豌豆茎爬进了巨人的宫殿。更妙的是，这里对黑啤酒的粉丝来说简直就是圣地。吉尼斯没有错过这一商机，在酒厂中心建了一个旅游景点：吉尼斯酒库（Guinness Storehouse），游客可以买票参观，经过一层层详细介绍从取水到发酵过程的展厅，去亲手给自己倒一杯“完美的”吉尼斯黑啤，由专业人士手把手教授，还会发一个证书，就像朝圣者在圣地亚哥大教堂拿到的一样。好酒者在这里找到纵情畅饮的借口，经受文化和佳酿的双重洗礼。他们还卖家庭套票和学生票——参观酒厂除了教育目的之外，吉尼斯黑啤还一直被爱尔兰人相信有某种治疗功效，至于具体是什么功效则众说不一。传统家庭里如果孩子有个什么头疼腹泻的小毛病，都会给他们一小杯吉尼斯，功能之模糊、覆盖之广泛类似于中国人家里的小儿七星茶，但大家都相信有用。

所谓黑啤，简单说来就是用烘焙过的谷物、水、啤酒花和酵母酿造的酒精度在 7%-8% 之间的饮品。它起源于港口搬运工常喝的波特酒（porters），后来通常称烈啤酒（stout）。烘焙过的谷物给这种酒带上浅褐至深褐不等的颜色和特殊的焦香口感。吉尼斯黑啤用的是烘焙过的未发芽大麦，喝起来相对清冽一点。一则关于吉尼斯黑啤的误解是，以为吉尼斯用的是都柏林利菲河的水，不过当你到了都柏林自己往那条河里张望一下，就会庆幸这条传闻不是真的。他们用的实际上是从威克娄（Wicklow）山区特供的泉水。另一则误解是吉尼斯是爱尔兰的本地牌子，从老板、原料到看门狗都是纯粹爱尔兰制造。这可是天大的误会，虽然发明吉尼斯啤酒的人是爱尔兰人，它早就被跨国集团收购，总部从 1932 年起就设在伦敦，你在世界各地喝到的吉尼斯黑啤其实是在 60 多个不同国家的分厂酿造的。不过这并不妨碍吉尼斯黑啤成为爱尔兰最具竞争力的出口商品和国家名片。吉尼斯在中国似乎并不特别受青睐，爱喝的人趋之若鹜，不爱喝的人认为它难以下咽，不过它的确有独到之处，特别是酒馆里用手压出来之前会往里面打进氮气，使得酒液有一种绵软厚实的口感，面上的白沫气泡特别的细密。到爱尔兰不可不试吉尼斯，不能在超市买罐装，要到演奏传统音乐的酒馆里去叫上一品脱手压黑啤——虽然科克市（Cork）的人绝对不会同意。作为爱尔兰第二大城市，所有来自都柏林的东西，从大学、球队到口音，在科克都有有力的本地竞争者，在黑啤方面则有墨菲斯（Murphy’s）和比美鲜（Beamish）的本地品牌。离都柏林 270 公里的科克市在爱尔兰的西南部，周围一百公里内再没有什么像样的城市（爱尔兰的城市规模是以几何级数递减的，科克的面积和人口只有都柏林的四分之一，跟中国一个县城差不多），因此他们常有自己是世界中心的感觉。

吉尼斯酒厂对世界还有一项突出的贡献，虽然像墨菲定律一样似乎没有什么现实功用，那就是吉尼斯世界纪录。吉尼斯世界纪录始于爱尔兰一家乡村酒馆，彼时吉尼斯酒厂的经理休·比弗（Hugh Beaver）正在跟打猎伙伴争论哪一种供狩猎的欧洲野鸟飞得最快，却因没有权威的纪录而陷入僵局。他意识到需要一本“世界之最”的书，于是找到一个私人侦探所帮忙编写。这本书却出乎他意料地销量大好，连出多本，最后蜕变成收费认证机构。整个主意听起来很像经典的爱尔兰笑话，特别是现在充满了诸如“在一分钟内用头敲碎最多鸡蛋的人”这样的世界纪录，实在是无聊透顶，却被证明是一笔极其可观的生意——大概每个人心里都有“爱尔兰”的一面吧。跟酒厂一样，吉尼斯世界纪录也已经被总部在美国的跨国集团收购，主题公园建在佛罗里达。

△ 另一项吉尼斯世界纪录——最大的蓝精灵化装集会，共有 2510 人参加。我实在看不出意义在哪里……

◊ 生命之水

说完古尼斯黑啤，应该提一下真正的爱尔兰“国饮”——威士忌，他们拼写 Whiskey 要带个 e。英语的威士忌这个名称本来起源于爱尔兰语和苏格兰盖尔语 uisce beatha，翻译自拉丁语 aqua vitae，意为“生命之水”，这一概念来自炼金术语，古代的术士们认为蒸馏法能够提纯出植物中蕴含的“生命力”本质，不过爱尔兰人通常的理解是“离开了它，生命就没有意义”。现在大家都知道苏格兰的顶级威士忌，那是爱尔兰移民传播过去的。蒸馏法起源于近东，经欧洲大陆传到爱尔兰。其他国家大都用葡萄酿造烈酒，可是爱尔兰的气候无法种植葡萄，结果谷物蒸馏的威士忌成为最主要的烈酒。世界上现存最古老的威士忌蒸馏酒厂坐落在北爱尔兰的安特里姆郡布什米尔斯（Bushmills），1608 年开业，但 13 世纪就已经有作坊在该地酿酒。在爱尔兰的编年史里，最早关于威士忌的纪录是在 1405 年，一位首领因为在圣诞节饮酒过度死掉了，可见这种饮料从一开始就没干过什么好事。爱尔兰威士忌和苏格兰威士忌一样使用壶式蒸馏器三次蒸馏后在橡木桶里陈放三年以上（尽管新式的塔式蒸馏器也是爱尔兰人发明的），使无色的蒸馏烈酒逐渐带上琥珀般的色泽。但爱尔兰威士忌一般不用蒸汽而是用无烟煤加热蒸馏，也不用泥炭作烘焙麦芽的原料。

只有一种康尼马拉单麦芽威士忌是用泥炭烘焙过的，这一事实还挺让我惊讶，因为毕竟泥炭在爱尔兰传统生活中如此重要，他们却没有用来制造威士忌。泥炭（peat 或者 turf）广泛分布在爱尔兰的低洼地区，最多时占国土的六分之一左右面积。远古的爱尔兰曾经密布森林，还有过巨型的大角鹿，身高超过 2 米，角宽能达到 3 米半，在都柏林的自然历史博物馆和圣三一学院生物系都可以看到这些壮观的骨骼标本。在森林之间有许多低地，酸性积水长期无法排除，生长不了大型植物，主要覆盖着一层厚厚的泥炭藓、灯芯草和其他草本植物。泥炭藓没有根，地下一层死亡后由于水体缺氧不会彻底腐化，而是经发酵、鞣化等过程形成成分复杂的泥炭。一些湖泊经历常年沉积，也会逐渐干涸变成充满泥炭的泥沼。泥炭含水量很高，晒干后才可以当作燃料使用，烧起来火焰很小，几乎没有烟，热量也不高，并不是一种理想的燃料。但是爱尔兰经过多年人们砍伐树木开垦耕地后，树木缺乏，又没有大型的煤矿，穷人们都是夏天到泥沼（Bog）里面去用特殊的铲子（爱尔

△ 正在晾晒的泥炭垛

兰语 scraitheog）砍削出一块块长方形的泥炭，趁天气晴朗把它们垛起来晒干，然后存储在家里供日常煮食和过冬取暖。如果你造访那些“传统村庄博物馆”，一定会看见房前屋后垒着这些黑色粗糙的泥炭方块。

数千年中，爱尔兰的定居者们尝试过很多办法把泥沼变为耕地，却无功而返。泥沼不仅无法耕种，还难以通行，里面泥泞危险，充满了未知的陷阱。不知走到哪一步，就会连人带马陷进去，再也逃不出来；据说只有一种家畜在泥沼如履平地，那就是驴子，可惜在爱尔兰驴子很不常见。古代爱尔兰极端破碎的政治版图一定程度上要归咎于遍布全岛的泥沼，它们横亘在边界上，阻碍了大规模的行军和频繁的交通往来，使得各个邦国处于相对隔绝的割据状态。但泥沼除了提供燃料外还有很多妙用：人们发现里面的缺氧环境使它几乎成为天然冰箱，把黄油装进罐埋在泥沼里可以许久不变质；逃难者或罪犯在这些荒野里找到藏身所；它甚至具有某种宗教意义。对于现代人来说，这些功用为考古学提供了绝佳的对象，爱尔兰许多精彩的考古发现都得益于泥沼保存免予腐烂。都柏林国家考古博物馆展出两具完整的古尸，都是经过泥沼特殊的酸性环境鞣化得像皮革一样坚硬，年代在公元前 5 至 3 世纪。这两个人明显都是被砍杀的，一起发现的还有大量象征王权的头饰、角杯、金项圈等文物，使人们推测他们是加冕仪式上的人祭，被有意抛进沼泽里。至于泥沼里发现的古代黄油和制黄油用具那更是不计其数，人们像松鼠一样，藏了却忘记挖出来，不知道还能不能吃。泥沼还保存了大量的古代花粉，对气候演变研究有重要意义。最近的一项国宝级发现是大法丹（Faddan More）泥沼里挖出来的一部9世纪初的圣经手稿，跟其他发现一样，都是在开采泥炭的时候偶然出现的。修复用了五年时间，因为羊皮纸页面已经烂成了碎片，字母全部都搅成了一锅粥。这部手稿有意思之处在于它用了埃及产的纸莎草作衬里，说明当时的国际贸易相当发达。只是不知道为何它被遗忘在泥沼深处：是战乱时代有意藏宝，还是逃难时不慎遗失？

鉴于泥沼在考古和生物多样性上的重要，今天爱尔兰泥炭的开采权已经完全收归国有，一些地方划出保护区不允许任何开采，以保护日渐减少的爱尔兰泥沼地貌。国有公司“泥炭委员会”（Bord na Móna）已经实现机器开采，大部分供发电用，小部分经压缩干燥卖给消费者，供他们燃起怀旧风味的壁炉。如果来爱尔兰的话，不妨买两块泥炭砖回家烧一烧——这才是最原汁原味爱尔兰的纪念品。

七

教会与社会

要是问爱尔兰人，心目中最经典的情景喜剧是哪部，十有八九会回答说是《泰迪神父》（*Father Ted*）。在这部20世纪90年代出品的电视喜剧里，三名天主教神父因为各自的过错被下放到荒凉的石头岛教区，住在一栋老房子里，由一名神经质、总想叫他们喝茶的老妇（“耶稣上十字架前，不也得停下来喝杯茶吗？”）照顾起居。三人里泰迪神父雄心勃勃，整天期待主教宽恕他好东山再起；年轻的都高尔神父头脑简单，忠心耿耿，穿一件绿球衣当睡衣；年老的杰克神父几乎一直酒醉陷在沙发里打瞌睡，偶尔的一次酒醒，他悲叹道：“我怎么还在这个该死的岛上？”泰迪神父的经典桥段太多太多，三十岁以上的爱尔兰人都能信手拈来，比如说泰迪用好酒引诱，终于成功地训练杰克神父在醉梦中也能清晰地说出“这是一个普世教会问题！”从而完美地应答了来访的主教团提出的所有问题。还有都高尔说：“哦天啊，泰迪，我听说过那种邪教，每个人都穿着黑衣服，然后说些疯话，什么我们的主要回来复活和审判我们之类的。”“不，都高尔，”泰迪说，“那就是我们，你在说的是天主教。”

扮演泰迪的演员哲尔默·摩根（Dermot Morgan）就在拍完《泰迪神父》大结局后的第二天，心脏病突发去世了。他塑造的泰迪神父完美地诠释了天主教在当时爱尔兰人心目中的形象，用泰迪自己的话来说，“天主教棒就棒在足够模糊，没有人真的知道它在讲什么。”神父对于泰迪来说不过是一份职业，他根本不在乎什么上帝魔鬼、天堂地狱，但他热心、友善、豁达，有时 嗦，有时狡黠，就像出门遛个弯能碰到的老好人大叔。

然而天主教在爱尔兰还有另一种面相。神父、修女、教会、庇护所，这些听起来纯洁神圣的词语，却有可能在老一辈爱尔兰人心里是从未愈合的创伤。尽管教会的身影似乎在现代生活里已经难以找寻，仔细观察的话却又会发现各种热门社会议题背后都有着它的踪迹。我们已经知道了天主教是怎样塑造了中世纪爱尔兰，并在殖民史和独立战争中扮演了关键的身份认同角色，那么踏入21世纪，教会跟社会还有着怎样的联系？

◊ 天主教会：国家的庇护人

在独立战争和内战期间，天主教使来源不一的爱尔兰人团结起来，先是反抗英国殖民政府，继而成为对抗北爱尔兰新教权贵的唯一纽带。反对宗教压迫是最早促使人们起义的口号，而长期受压抑的天主教会也明里暗里为他们提供金钱和组织力量。长期以来受英国歧视，天主教徒能在英国治下的爱尔兰受到的教育极少，且带有强烈的殖民色彩，例如不允许学生在学校讲爱尔兰语，不允许天主教会兴办教育，要求学生效忠英王，唱“我自豪我是英国人”歌，等等。于是当时唯一成组织的本土力量天主教会悄悄地为爱尔兰孩子提供教育，办了许多“树丛学校”（hedge schools），亦即在露天树丛下讲课的乡间学校。经受“树丛教育”的孩子不少成为日后独立运动的中坚，甚至还有不少教士直接参与了运动，他们把对教会的尊崇带入了新成立的国家。独立和分裂后的爱尔兰共和国一贫如洗，政府根本没有力量提供教育、医疗和社会福利，又是教会一力承担下来使得民生得以继续。

直到今天，96%的爱尔兰“公立”小学都是由宗教团体（包括本笃会等修会）设立、运作和制定课程，尽管它们都得到国家的经费赞助。这些学校很多根据兴办教育的是修士还是修女，分成男校女校，因为学校大多是在原修院的土地或建筑里运行的，如果修女院里有一大群毛头小伙子，的确有点说不过去。教会开办的学校普遍把宗教课列为课程的一部分，小一点的孩子听圣经故事和制作圣经场景手工，大一点的开始学习基督教历史和教义。八岁左右的小学生把二年级的时间大部分都用在练习初领圣体仪式上，学唱颂歌，做告解；到了十二岁左右，又要花上不少时间排演坚振礼。小孩子会为了领圣体所需的漂亮衣裙雀跃不已，何况这些圣事之后，按爱尔兰的习俗亲戚好友还会给孩子们送贺金，算是一笔不小的零花钱；可是到了中学之后，跟欧洲大部分地区类似，年轻人跟宗教愈行愈远，现在的家长一辈里，也有很多不再信教，或者不愿意安排孩子在懵懂的年纪入教会，而是希望他们成年后自我选择。2016 年缔结的婚姻里，只有 66%举行了宗教性的婚礼仪式。一边是教会对“公立”教育的垄断，一边是日益高涨的对非宗教化教育的要求，于是新成立的公立学校里有很多是所谓的“共同教育”学校（Educatedtogether)：不分宗教背景，男女不分校。但是这些学校并非完全世俗化、非宗教性的；恰恰相反，它们通常仍然是由宗教团体开办，学生在日常课程中可以根据自己的宗教背景选择相应的宗教课程，并统一参加关于世界上各种信仰和道德规范的课程。这些学校同样会庆祝各种宗教的节日，组织学生练习和参加礼拜和其他宗教仪式。因此，"共同教育"学校又称为"多教派"学校（Multi-denominational），其初衷并非是为了提供中立、世俗的教育，而是为了弥合教派分歧，迎合信仰多样化的居民的需要。很明显，这种学校离政教分离的世俗民主政体所要求的真正的"世俗化"或"非教派"（Non-denominational）教育还远着呢。尽管欧盟三番五次批评，爱尔兰政府依然无力或者不愿扭转宗教团体、意识形态垄断公立教育的怪象。教育部长在公开场合暗度陈仓，把绝大部分爱尔兰公立学校开展的天主教教义问答和宗教伦理课美其名曰"信仰与思想培育"，其使用的教材在天主教知识外，不过加进了两三页提及世界其他主流宗教的内容，完全不是从客观、平等的角度去介绍宗教学的一般知识，这不是把学生家长当傻瓜来耍嘛。

尽管如此，"共同教育"学校报名的家长还是挤破了头。在都柏林等城市，热门的"共同教育"学校每年的招生名额刨除在校生的适龄弟妹、校友的弟妹孩子这些优先收录之外，就只剩下寥寥十来个，而报名的新生超过一百人也不是稀罕事，只能靠抽签决定。爱尔兰这一辈家长对小时候在传统教会学校的灰暗记忆印象太过深刻，让孩子去上共同教育学校并不是因为它的理念有多么先进、教学质量多么高超，甚至跟归属何种宗教都没有关系，而纯粹是出于对教会学校的反感。一直到20世纪80年代，传统的教会学校教师往往由修士修女担任，或者是未发誓愿但在家修行的老小姐，特别是女校。受过现代教育学、儿童心理学训练的教师少之又少。即使专业教师后来慢慢多起来了，监管学校纪律、课程设置的还是修士修女。没错，说的就是教导主任、德育主任这一类人物。羞辱、体罚、责骂是家常便饭，各种清规戒律多如牛毛，课程无趣，教授死板，跟社会越来越脱节。说中国校服丑的，大可以来爱尔兰找一点心理平衡，爱尔兰的校服基本上是各种死气沉沉的蓝绿色，男生衬衣毛背心，女生毛衣长筒裙，用料粗糙厚重，松松垮垮。学生一天几次到点要做祷告，吃午饭时要有一位值日生在讲台上念诵圣经。根据诗人诺拉·尼高纳尔的回忆，她20世纪60年代上寄宿中学时，“阿格涅斯修女在每一个胆敢让裙子短过膝盖的七岁女孩衣服上缝上代表耻辱的棕纸条，保禄修女会扇耳光，六年级的彼得修女有一个磨得光滑的板条，打起来像蜂蜇一样疼……”她在《黑王子》里有一段让人印象深刻的描述。她正处于性觉醒的朦胧阶段，一晚在集体宿舍的通铺上梦见自己与一位英俊的“黑王子”翩翩起舞，正在此时起床早祷的时刻到了：

“可是宿舍的门突然砰地撞开/脸盆响成一片，灯火刺目，/

肥胖的舍监冲进来高喊‘赞颂耶稣！’

我颓然坐倒在凌乱的床单上/为我的黑王子低声啜泣。”

不难想象，在这样的学校里，性教育是不可触碰的绝对禁区，在宗教语境里婚前性行为是严重的罪恶，年轻人不仅不了解怎样保护自己，女孩怀孕了也不敢告诉家人，更不要说向学校的修女求助。

◊ 安·洛芙特和萨维塔的悲剧

近三十年过去了，安·洛芙特（Ann Lovett）的名字依然萦绕在人们心头。爱尔兰中部，朗福德郡的格拉纳德（Granard），一座平静的农业小镇。1984 年 1 月底一个寒冷的傍晚，十六岁的安感到自己快要临盆，她不敢告诉别人，自己一步步挪到教堂边上摆放圣母玛利亚塑像的岩窟前，那里通常不会有人经过。在冷雨中她的校服很快浸满了血和雨水，她的书包丢在半路。在童贞圣母的慈悲注视下，安用尽全身力气生下一个男婴，举起颤抖的手剪断脐带后，便因失血过多昏了过去。圣母并没有为他们庇护风霜，在严寒的一月底，冰冷的岩石地面上，孩子很快就没有了呼吸，安躺在血泊中，被路人发现送到医院时已经回天乏术。

起初，安和孩子的死亡只在本地报纸上被简单报道；但随即人们便领会到这一事件对整个国家不啻于当头一棒：怎么可能发生这种事情？谁造成了这场悲剧？是不是在全爱尔兰，都有像安一样的少女死去？

蜂拥而至的媒体打破了格兰纳德的宁静，这座保守、闭塞的小镇上的居民尚未从悲痛和震惊中恢复过来，就受到了记者们的围攻，他们感到既羞辱又愤怒，没有人愿意对大城市来的媒体说话。安就读的修道院附属女校的校长，一位修女，几天后在电视面前发表了书面声明，反复强调学校对她的怀孕毫不知情。安的父母也表示女儿从来没有透露过半点自己怀孕的消息。在怀孕期间，安还因为别的原因看过两次校医，她也同样对自己的怀孕守口如瓶，医生完全没有察觉。所有人都说不知情，这是真的吗？

直到2018年底，安当时的男友才站出来，承认自己可能是孩子的父亲。瑞奇（Ricky）当年17岁，辍学，独居，靠打短工维生。他和安大概是因为同样得不到家庭的关爱，才走到一起互相温暖。照瑞奇的说法，他们的热恋持续了大概一年。随后有一晚，安哭着来找他，身上满是伤痕，但瑞奇答应过安不会告诉任何人发生了什么事，于是我们也不得而知。那一晚之后，他们的关系逐渐降温，一直到安死之前，两人实际上已分手，安甚至对瑞奇否认她怀孕了。从她留下的信件和朋友的证词看来，安早就决意去死，因此临盆时并没有求助，而是独自走到圣母像前。安也给瑞奇留下了一封信，据瑞奇说，就在安死后不久，本地的神父来访，嘱咐他把信烧掉，因为它“会摧毁这个镇子”，还带他外出避了一阵子风头。事后调查报告安的家庭“一切正常”，死因没有疑点，也没有人被追责。20世纪 80 年代初的爱尔兰，社会风气还十分保守，就像同时代的中国一样，未婚先孕被视为奇耻大辱。当宗教的道德愿景成为一种沉重的责任，人们无力承担后果，便选择对难以避免的过失视而不见，避而不谈。如果瑞奇说的是真话，那么镇上的居民并非不知情，只是由于这件事在道德上的不光彩而讳莫如深，任由安无助地生活在绝望中，然后死去。

安并不能像现在的中国少女一样，去医院“无痛人流”。在 2018 年 5 月公投修宪通过之前，爱尔兰是世界上对人工流产限制最为严格的几个国家之一，按照之前的爱尔兰宪法和刑法，孕妇和胎儿享有同等的生命权，任何形式的人为终结胎儿生命均属犯罪。这是由于天主教会认为一旦受精，胚胎就是具有灵魂和人格的生命，拥有不可侵犯的生命权利，流产与杀人无异。不管受孕原因为何，孩子总是无辜的，哪怕是由于强奸或乱伦产生的或者天生有畸形或严重疾病的胎儿，也不能流掉。在爱尔兰住久了，你会留意到这里患有唐氏综合征的人要比许多欧洲国家常见的多，他们的特殊面容是很明显的。现在唐氏综合征筛查已经是孕检的常规项目，他们出生无疑是父母选择的结果。在天主教看来，所谓先天缺陷是一个现代优生学捏造的概念，我们每个人出生都多多少少带着一些毛病，我们没有权利说他们应不应该出生，流产则残忍地扼杀了生命。当一些社会的普遍理念是通过有控制的流产尽量提高国民身体素质，爱尔兰的传统意见是医疗支出的考量、国民健康水平甚至病人的生活质量都不能成为否认生命存在意义的借口，当然，先天缺陷病儿的父母在医疗费用和照顾他/她一辈子的沉重负担下是否真的这样认为很难说。曾经有一次反堕胎的宣传用了这样一个事例：有一个胎儿被检查出患有极罕见的基因疾病，医生告诉父母说她即使出生，也会很痛苦，活不了几个月，而且会使母亲处于危险。这对虔诚的夫妇毫不迟疑地说："就算只能活一天，她也有权利看看这个世界。”孩子在严格医疗监护下出生，最终活了90天。在她的葬礼上，父母认为她在世上的每一天都是“生命尊严的胜利和美好的回忆”。人工流产是否符合道德，在什么情况下可行甚至应行，妇女对自己身体的权利和胎儿的生命权怎样平衡，这些都是艰难的问题，令世界各国的立法者和利益团体争论不休。可是，天主教会让大家满足了它的道德要求的同时，并没有积极推动性教育，而是一味回避或推崇禁欲；真的生下来了，它也没有实际提供福利，使所有孩子都过上有质量的生活。意思就是说，你不是为了生就不要做，要是怀了就一定得生下来，生完之后怎么养，那就是你自己的问题了。

2018年之前，人工流产禁令唯一的例外是1992年最高法院作出的一则判决。这则判决指出，孕妇的生命如果由于继续怀孕会受到实质性威胁，则可以执行引产。这件事情是怎样的呢？有一个十四岁少女X被邻居强奸后怀孕，她极度抑郁，试图自杀。X的母亲决定全家搬往英国让女儿做人流，因为在英国人流是合法的。但是如果做了人流，就会损失控告强奸犯的关键证据——胎儿，因此母亲询问警方是否能将流下胎儿的DNA作为证据呈交法庭。当时的检察官一听，这还得了，马上申请了一项禁令禁止X出国流产，理由是这一行为违反了爱尔兰刑法。X 上诉到最高法院，最高法院认为为了保全胎儿性命而罔顾母亲生命是违宪的，自杀也属于威胁到生命，因此撤销禁令。X 随后出国流产，强奸犯也被绳之以法。

爱尔兰跟英国一样是判例法国家，最高法院的决定对以后的类似案件都有约束力。X 案件在国内也引起了轩然大波，只好于 1992 年 11 月举行全民公投以决定是否修宪。公投最后决定了三点：1. 自杀属于对母亲生命的威胁；2. 基于迁徙自由，不禁止公民在国外流产；3. 基于信息和言论自由，不禁止在国内不带倾向地提供有关国外人流服务的信息。

二十多年来，基于 X 案件原则在爱尔兰国内合法执行的堕胎个案几乎为零。然而有了宪法的首肯，1992 年之后的爱尔兰见证了急剧上升的出国人流潮，尤其在欧盟一体化完成后，欧盟公民无需签证和许可就能在欧盟境内自由迁徙居住，每年都有成千上万的爱尔兰妇女前往英国、荷兰等国家做人流手术，堕胎成为一个公开的秘密，但对于爱尔兰女性来说仍然是一个不可言说的禁区。出国人流为爱尔兰女性增添了巨大的经济和心理负担，很多人为了省钱，在英国的诊所做完手术后就独自一人连夜坐飞机回国，路途颠簸、无人陪护，个中辛酸又不能公开诉说，以免招致社会的异样眼光。出国做过人流的爱尔兰女性数以万计，却是一个完全隐形的群体。即使这样，她们仍然是幸运的，更多的女性，尤其是未婚先孕的少女和无力负担出国费用的人，只能偷偷通过网购人流药物自行在家流产。这样做风险极高，导致爱尔兰在发达国家中母婴死亡率高居前列。

在 X 案件原则下何时算孕妇生命受到威胁，牺牲胎儿是否必要，孕妇声称要自杀是否属实，这些都是极度专业和模糊的问题，甚至医学上也没有定论，医生仍然是能不引产就不引产，以免引火烧身。终于在 2012 年 10 月，一位孕妇的意外死亡成为压垮这一恶法的最后一根稻草。31 岁的印度籍女牙医萨维塔 (Savita Halappanavar) 已怀孕十七周，出现了先兆流产症状。她住院就诊期间病情恶化，虽然已出现先兆流产，且医生同意胎儿已不可能存活，但由于胎儿当时仍有心跳，医生不愿意背上犯罪的责任，一直拒绝为她做流产手术，最后萨维塔因败血症和多器官衰竭而死亡，胎儿也没有存活。事件引发了数万人走上街头悼念萨维塔和抗议对人工流产定罪。支持女性自由选择终止妊娠（Pro-Choice）的意见和认为胎儿生命权神圣不可侵犯（Pro-Life）的意见针锋相对，变为全社会的大规模讨论。

事后的调查报告指出，医院应为萨维塔的死亡负责，并同时建议立法作出相应的改变。议会迅速通过了一道《妊

△ 支持人流合法化的示威者举出萨维塔头像的标语牌

娠期间保护生命法案》（2013），然而这不过是把1992年X案件的判决用议会法案的形式确认下来而已，除却危及生命外的人为终止妊娠仍然是犯罪。爱尔兰人民并不满意这样的表态，各种民间团体顶着教会和Pro-Life的强大压力继续推动立法改革。直到2018年5月，爱尔兰才举行全民公投，决定是否要从根本上解决问题，删除宪法第八修正案关于“胎儿与母亲享有同等生命权利”的条款。结果显示，除却多尼加尔郡之外，二十五个郡均投了赞成修宪的票，赞成总票数占到66.4%。徒有其表的人流禁令，除却加剧女性的困境之外，并没有起到多少保护和尊重生命的结果，反倒造就了更高的母婴死亡率。这条从1864年开始就禁锢爱尔兰女性的法律终于成为了历史，难怪总理利奥·瓦拉德卡形容这是一次“无声的革命”。进步总是来得缓慢，但只要我们不断争取，它终会来临。

◊ 图恩姆“母婴之家”

说教会完全没为未婚先孕的母亲提供帮助，那是不公道的。从大饥荒后到20世纪中叶，教会在全国各处开办“母婴之家”(Mother and Baby Home)，接纳未婚先孕的妇女，修女为她们提供食宿、接生和护理。听起来很美好，是吧？实际上，说是“接纳”和“庇护”，不如说是“收容”和“剥削”。非婚生子女为社会所不容，其母亲更是受尽蔑视和排挤。母婴之家的黑历史最近由于图恩姆的丑闻爆发，疮疤再次被揭开。

图恩姆位于爱尔兰西部戈尔韦郡，历史上是修道院昌盛之地，也是大饥荒来临之时受灾最严重的地区之一。为了赈济灾民，英国政府在1850年饥荒的高峰在图恩姆建立了一所济贫院（Workhouse），为灾民提供食宿，组织他们在附近做一些基建工作。济贫院是一所几层楼高的大房子，只提供最基本的生活所需，男人一间大通铺，妇女儿童一间，病人一间，木地板上铺垫稻草就是床铺，里面臭气熏天，寒冷泥泞，疾病横行，但至少有口活命的汤可以喝。为了解决卫生问题，在济贫院后院里挖了几个大化粪池，这就是故事的开端。

后来，慈济修女团(Bon Secours Sister)接管了这片地产，把它改造成一所母婴之家。慈济修女团是一个天主教组织，成立于大约1831年，以救助贫病者为己任，在世界各地开办了大量医院，虽然是非盈利的慈善组织，但事实上已成为医疗行业的一大巨头。图恩姆母婴之家从1925年运营至1961年，这期间大量未婚孕妇被送到这里待产，1947年的报告显示当时收容了61位妇女和271个孩子。几乎没有人是自愿前来的，送她们来的人包括本地牧师、治安长官，甚至女孩自己的父母。在那个年代，未婚先孕的女人被认为道德败坏，社区不愿意让她们在家里或者医院生产，认为她们会“腐蚀”本地的纯洁稳定。她们甚至不被允许和自己的孩子接触——孩子生下来就会被抱走，由修女们抚养，像孤儿一样对待，长到一定岁数后送给已婚的夫妇收养。这样一来，孩子们就不必背上母亲“堕落”的污点，未婚母亲们也不用烦恼抚养的事情，自然也不用去铤而走险堕胎，已婚夫妇得到了孩子，社会维护了它的纯洁面貌。看上去，大家皆大欢喜，不是吗？

可惜，没有了“自愿”，一切美好的社会净化计划都将蜕变为赤裸裸的迫害。仅仅因为未婚，没有得到宗教的“准生”许可，怀孕就成了女性的罪恶。她们被关进母婴之家，实际上失去了人身自由。本该是无私救助的医院变成了关押奴隶劳工的监狱：生产后一年内她们不能离开母婴之家，要无偿为修女们工作以偿还食宿、接生和护理的开支，而这些所谓的开支并没有明确的账目，很多人用了不止一年才得以脱身。就算离开了母婴之家，污点仍烙印在这些女性身上，加上活生生与自己的孩子分离造成的心理创伤，大量曾被送进母婴之家的女性因此自杀，或变成修女，在高墙之内了其一生。与此同时，图恩姆母婴之家的婴幼儿死亡率异常的高，大概在四分之一左右，甚至比其他母婴之家还要高出一倍。其余的孩子经常营养不良、患病、智力发展迟缓。这些都是广为人知的事实，然而当时的官方报告众口一词认为修女们的照顾“仔细悉心”，伙食“上乘”，所以高死亡率的原因不在于母婴之家——也就是暗示说，作为“非法”的婴儿，他们本身就品质低劣，容易死亡。在爱尔兰，说起曾经在母婴之家呆过的妇女儿童，大家用的词都是“幸存者”。到了20世纪60年代，伴随着战后一代的思想解放和对人权、自由的保护，未婚先孕不再被视为罪恶，自然也就没有姑娘再被送进母婴之家。图恩姆母婴之家随即被废弃遗忘。

20世纪70年代末，两个本地孩子在母婴之家的废墟玩耍时，不慎掉进了一个地窖，他们形容那里面全是死人骨头。本地警察听闻之后，鉴于那个地址原是大饥荒时的济贫院，简单地将其定性为19世纪的公共墓地，做了点祭奠之后就用水泥封存了。时过境迁，经济腾飞后，那片地方建起了一个新住宅区，原母婴之家的大楼铲平了，变成一个儿童游乐场。

如果不是本地的历史爱好者凯瑟琳·科勒丝（Catherine

Corless）的努力，图恩姆母婴之家更深层的黑暗恐怕就跟那些白骨一样，从此湮灭无闻了。科勒丝仔细审阅了民政局档案里列为死于图恩姆母婴之家的 796 名儿童的记录，并和本地的公墓记录比对，发现只有两名儿童被埋葬在公墓。那么剩下的都去了哪里？

2010 年，人们发现在都柏林另一所母婴之家原址地下有一个乱葬坑，包含了 222 名儿童的尸骨。这件事情启发了科勒丝，连同 20 世纪 70 年代发现人骨的轶闻，让她猜测图恩姆也有类似的乱葬坑，很可能就在原济贫院的化粪池里。随后的发掘证实了她的猜想：这些从几星期大到不满三岁的孩子被草草埋进化粪池里，没有墓碑，没有纪念。他们死亡的时间正好是母婴之家存续期间。

对图恩姆遗址的发掘还在继续，我们还不知道有多少孩子被埋在了那里，也不知道他们的死因为何。更可怕的是，登记为死亡的 796 名儿童并不一定都真的早早夭折，而真正在母婴之家死去的孩子，却很可能连名字都没有留下。根据一位老义工的爆料，在民政局登记死亡不过是一个幌子，这样一来母婴之家就可以把孩子卖给富有的美国人家收养，而不必对孩子的亲人和政府有任何交代。科勒丝的初步研究也发现，796 则死亡登记里有很多混乱、草率之处，不像是真正的死亡事件。20世纪20到50年代正是种族主义盛行的时候，很多美国白人相信爱尔兰的“白人血统”最纯，想尽办法要从爱尔兰收养孩子，而政府管理的漏洞和教会团体的腐败正好给了他们绝佳的机会大量从爱尔兰非法收养，或者不如说是购买孩子。这些孩子大都不知道自己的身世，很可能是拐卖得来，或者是像母婴之家这样，被强迫从母亲怀里夺来。难以估算这几十年间，爱尔兰失去了多少孩子，有多少家庭、多少母亲与骨肉生离死别！

这件事再次刺痛了爱尔兰人的神经，掀起了声讨清算教会罪恶的呼声，尤其是追究慈济修女团的责任。无奈教会势力在社会和政府盘根错节，慈济修女团依然拥有和运营爱尔兰大批医院、救护车队、无家可归者庇护所，当年参与贩卖婴幼儿的人包括教会、政府、医生和义工，一旦彻查到底，说不定会引发社会的海啸和广泛的仇恨，因而总是大事化小，小事拖了。我们需要鲜花和拥抱来寄托哀思，也需要宽恕和谅解，但这些应该建立在公义的前提上。先有道歉，才能进行宽恕；先要惩罚，才谈得上谅解。

与母婴之家同样臭名昭著的还有所谓的“抹大拉洗衣厂”（Magdalene Laundry）。“抹大拉洗衣厂”顾名思义得名于圣经里抹大拉的玛丽亚，尽管在圣经里没有确切证据，教会学说普遍认为她曾经是妓女。洗衣厂最早设立的时候（18 世纪）原意也是为了挽救“失足妇女”，给从良的女性提供工作机会、保护和食宿，有时候也保护躲避家庭暴力出走的妇女。主要的工作就是洗衣服和裁缝。原本的意图是好的，可是就像母婴之家，洗衣厂逐渐演变成像疯人院一样的机构，实行近乎于监狱的管理，曾经在里面呆过的妇女出来更加备受歧视，无法按自己的意愿离开，没有家庭和正常生活。久而久之，如福柯所说，它变成半秘密的、人们避而远之的监狱，成为权力压迫的工具。妓女、未婚妈妈、被遗弃的女孩，甚至长得太漂亮被怀疑轻佻的少女，阻碍兄弟独吞财产的姐妹，都被以各种借口强制送进洗衣厂。马尔莎（Martha Osmonde）现已八十多岁。她从小被母亲遗弃，成为政府监护的儿童，在工读学校里长大。马尔莎 17 岁的时候，另一个女孩向修女告状说她谈了男朋友，于是马尔莎便被送进了利默里克的洗衣厂。她每天 6 点就要起床，操作工业洗衣机，熨烫衣服直到晚上 6 点。鼎盛时期各地都有类似的机构，一般附属于女修道院，确切的数量和规模尚不知晓，但估计有三万名妇女在 18 世纪到 1996 年最后一家关闭之间进过洗衣厂。由于它们是私立机构，所有经费来源于妇女们的劳作，所以女工们几乎拿不到工资，很多还遭受了虐待和性侵。直到 2013 年，政府才公开向抹大拉洗衣厂的受害者们道歉并许诺赔偿，但是许多人已经含冤逝世。而抹大拉洗衣厂的设立和运营者——天主教会下属的各修道团体，却始终置身事外。

◊ 婚姻和家庭

爱尔兰天主教会认为自己是传统价值和良好道德的捍卫者，包括重视家庭、保护儿童、帮助贫弱者、反对毒品和色情对社会道德的侵蚀等。其目标听起来都很美好，可是在实践过程中，特别是在爱尔兰教会对国家和公众意见施加巨大影响的语境下，往往给人以一种父权阴影（patriarchal）的印象。

一个非常鲜明的例子是爱尔兰现行宪法第 41 条：

“国家承认家庭自然是社会最初和最根本的组织单位，并且作为一个道德组织拥有不可分割和不受限制的权利，该权利先于并优于所有实体法。”注意社会的基本单位不是公民个人，而是家庭。

其后的第二款更是明确地写着：

“国家尤其承认，女性通过在家庭内服务终生，为国家贡献了不可替代的帮助，若无此帮助则公益不可能实现。因此国家将努力确保所有母亲不应因为经济压力而不得已从事工作，导致忽略了家庭责任。”

经过女权主义洗礼的现代妇女们看到这一条估计要勃然大怒，这样明目张胆把女性禁锢在家务中的论调居然在一个现代民主国家以宪法的方式固定下来。然而这就是现实。一方面，爱尔兰政府为每个母亲按月发放补助，单身母亲还有税务优惠，但是远远不到能让她们免于工作在家专心带孩子的数目；另一方面，这一条款造成结婚后女性找工作异常困难，尤其是公务员职位，不对已婚女性开放。直到爱尔兰1973年加入欧共体，被要求改革国内法以符合欧共体原则之后，情况才有了改观。1973年开始，公务员职位允许招聘已婚女性；1977年又通过了《平等机会就业法》，已婚女性的就业权利才得到承认。这一进步来得很晚，现在爱尔兰女性在就业和教育上的数据已经“和国际接轨”，但是社会上对已婚女性应该比男性牺牲更多时间为家庭服务的观念仍没有实质改变。

直到1996年，宪法才不再禁止离婚，但现在爱尔兰人离婚仍要经过长达四年的分居期才能完全生效。2015年5月22日的修宪公投，以62%比38%的高比例通过了修改宪法对婚姻的定义，使得同性伴侣之间也能缔结法律上有效的婚姻关系。这对于长期由天主教会主导的爱尔兰来说，具有极其重要的象征意义，高达60%的选民参与了投票，很多年轻人为了自己、为了朋友、亲人，第一次投下神圣一票。在铺天盖地的平权、彩虹旗、“真爱不分性别”“你想让你的儿子幸福吗？”的口号宣传面前，反对修宪的宣传虽然数量众多，却显得苍白无力，拿不出什么好的反对理由。最常见的两幅海报是“孩子需要父亲和母亲”“母亲的爱不可替代”，看似真理，实则经不起推敲。耐人寻味的是，无论正反两方，都不自觉地把男男伴侣当成是同性婚姻的同义词——如果反对修宪者的立论正确，那么女女婚姻岂不是更好，因为有两份母亲的爱？赞成修宪者的海报上，女同性恋者也基本缺席，“真爱”的典型形象是一对男同伴侣，母亲疼爱的也是“儿子，无论他选择了谁”。看来爱尔兰人虽然想极力摆脱天主教会的教条规制，世界观仍然没有完全走出传统。在正反两方看来，挑战了传统社会道德的是男同性恋者，他们要不“构成不了真正的家庭”，要不“也能有真爱”，因为男同性恋者颠覆了传统上男性支配女性的权力结构，使其中一方男性变成了“被支配的”、被耻笑的“娘娘腔”。而女同性恋者其实并不被认为是威胁了传统的社会结构。在这种传统的认知里，女性可以变强，“像个男人”，而男人却不能“像个女人”。女人可以当众接吻，男人牵手逛街却会被侧目。也许虽然赞成修宪者嘴里讲着平权，心里却还没有完全抛弃两性之间的支配权力关系。

◊ 怎样保护儿童?

随婚姻而来的自然后果是孩子。家庭是爱尔兰社会的基础，而没有孩子的家庭在爱尔兰会被认为是不完整的。虽然没有中国人“养儿防老”“多子多福”的传统观念，爱尔兰人的确热爱孩子，也很能生，而且并未特别偏爱男孩。老一辈人有十来个兄弟姐妹十分正常，年轻一代虽然对婚姻小心翼翼，对孩子却是来之不拒，生四个六个的完全不罕见。在国家提供的福利远远不如斯堪的纳维亚国家的情况下，爱尔兰妇女仍以平均每人将近三个孩子的生育率在欧洲名列前茅。这只能由天主教非常重视家庭和传统生活方式的态度来解释。

正如中国流行的一种观点，不少人认为一大堆孩子是爱尔兰过去无法摆脱贫困的根源和象征，越生越穷。在游览传统村庄时导游或许会指给你看，有十二个孩子的一大家人是怎样和家畜挤在同一座破旧的茅草房里的。在没有足够新地块供开垦的情况下，孩子虽然能帮忙农活，总体来说却主要意味着更多张嘴，每一个都接收不到足够的营养和教育，只能一代代地持续贫困下去。这个论调主要来自当时的知识阶层，也就是英国统治者和新教新贵，他们有意无意地忽略了自己在造成爱尔兰农民无法获得土地和他们的孩子无法接受教育中的角色。严酷的事实是这么多孩子中能活到成年的并不多，剩下的即使逃过了饥馑，也往往背井离乡讨生活。爱尔兰之所以在这么高的生育率下没有出现人口爆炸，应当归功于，或者说归咎于大饥荒和移民潮（详见“食在土豆岛”一章）。

爱尔兰人自己实际上相当享受一大家子其乐融融的感觉，常拿自己表亲的庞大数目来取乐。他们喜欢孩子，重视家庭团聚，宽松的工作时间观念和随和的生活态度使得他们能更多地陪伴家人，在辛劳的抚育中找到乐趣。重视儿童是天主教的核心价值观之一，尽管儿童也带着亚当堕落的原罪，他们常常被视为是纯洁无辜的，有着和成人一样独立的灵魂和意志，却未被这个世界所污染。7 世纪爱奥纳的阿多南主教就已经颁布了世界上最早的保护非交战人员法，称教士、妇女和儿童为“无邪的”（拉丁文 innocens）。谁要是杀伤了七岁以下的儿童，就要付和杀害主教一样沉重的罚金，和进行漫长的忏悔。在爱尔兰的本土传统中也有丰富的证据，中世纪早期的非基督教本土法律用很大的篇幅讨论婚生和非婚生子女的抚养和归属，养子的权利，各等级所生孩子的饮食、衣着和教育，还有一部专门的法律《游戏法》（*Mellbretha*）规定各种在儿童游戏中发生的伤害如何赔偿。在爱尔兰，儿童的形象总是无辜、纯洁、脆弱的，广告牌上孩子们总是带着甜甜的笑容或者——尤其是那些声张儿童权利的广告——惊恐的大眼睛，哪怕在现实生活中他们是怎样的一群老谋深算的小恶棍。

尊重儿童权利，爱护孩子的确是爱尔兰社会值得称道的优良风气，如果你带着孩子前来爱尔兰旅游或居住就更能切身体会到。所有地方都有便利儿童和婴儿车行走的设施，行人会主动给带着孩子的人让路。孩子在路上大吵大闹在中国人看来是缺乏家教的行为，旁人都会侧目皱眉，家长则尴尬不已；在这里，似乎儿童的一切坏脾气都能得到理解和宽容，路人会帮着哄孩子，并不为小捣蛋鬼妨碍了他们走路，弄倒了商店货架或打断他们读报而生气。也许孩子生多了的一个好处就是能够对他们的种种行径视若无睹吧。尽管家庭暴力依然时而发生，爱尔兰人的共识却很明显地一边倒谴责。总的来说，儿童在爱尔兰生活还是挺幸福的。

鉴于教会和神父在爱尔兰享有如此高的道德地位，儿童权利又受到高度重视，可想而知一部分爱尔兰教士长期对儿童进行性侵犯的丑闻在这个社会里将会引发怎样的震惊和愤怒。

性侵犯的恶行主要发生在1930年至1990年之间，尤以教会开办的工读学校、青少年矫正中心、孤儿院等机构为高发。当年这些机构不仅看管未成年罪犯、流浪儿和孤儿，还接收了许多受到家庭忽略、虐待的儿童。在那个依然十分传统和道德化的社会，这些少年儿童都处在社会的边缘，被鄙视和排挤。教会本该为他们提供庇护和关爱，可是很不幸地，他们中的许多人在这里遭受到更长久的创伤，由此你应该可以明白，为何今天的人们对宪法新条文里国家（实际操作中就是教会开办的慈善机构）可以在必要时接过儿童监护权心怀疑虑。

直到当年的儿童都步入中年，教会权威大不如昔，才开始有人站出来，搜集证据控诉那些污染了宗教的败类。令人们尤为愤怒的不仅是罪行之长久与广泛，更加是由于他们发现，教会内部早已了解这些情况，却为了保存自己的颜面隐瞒不表，甚至忽视大量的举报投诉和调查报告，任由那些罪犯逍遥法外，或者只是调职了事。爱尔兰天主教会在那些年中的确凌驾于国家法律之上，宗教自由的原则令政府和公众无法接触到它的内部档案，不能干涉它的运行和人事，却又没有有效的外部机制监管其成员的行为，这使得沉疴迟迟得不到治疗，受害者越来越多。

媒体掀起的揭露性侵犯风暴迫使一大批教士辞职，教会和政府成立了高级别的机构，调查每一宗控告和教会在处理此事上的行为是否失当。然而时至今日，人们依然觉得打击力度不够，没有看到多少教士因此而锒铛入狱，教会的回应也总是显得勉强和遮遮掩掩。

这一事件最直接的后果就是天主教会的信誉剧降。爱尔兰本已不可避免地走向世俗化和多元化，丑闻更以非常负面的方式削减了教会的追随者数量。最近的一项民调显示，长期作为欧洲最虔诚国度之一的爱尔兰只有一半多一点的民众认为自己真正信仰宗教，还不一定是天主教。更有意思的是，那些认为自己信仰天主教的人里面，98% 说他们信仰上帝，不禁让人很好奇剩下那 2% 的人到底信的是什么。

八

绿野妖踪

旅行经验告诉我，要寻找一个地方最具有本土特色的文化符号，只需要看看它的明信片。虽然文化符号这种东西常常富于欺骗性，让游客误以为：1）该国满地都是那种东西 ;2）那种东西具有悠久的、本地的历史传统，例如男人穿的花呢格子短裙之于苏格兰——这种短裙是 17 世纪为方便苏格兰劳工下矿工作发明的，而直到 19 世纪大众神话才将各种不同的花纹图案和高地上的盖尔部落联系起来，彼时那些部落已经凋零得七七八八了。《勇敢的心》里一群 13 世纪的高地苏格兰人涂着古代皮克特人的蓝脸，穿着花呢短裙（真空）打仗，从历史角度看来无异于让岳飞上身披兽皮，下身穿着牛仔裤抗金。即使今天，除了街头吹风笛的艺人，你在苏格兰也难得看到穿短裙的男人。不过有时候想象和事实倒也相去不远。就爱尔兰来说，她的文化符号多不胜数，像三叶草、竖琴、绵羊和吉尼斯黑啤酒，除了最后一项历史算不上很久远之外，其他的确都是从史前时代就存在于爱尔兰，并且到处可见的。

然而要我选一样来代表爱尔兰的话，我会挑小矮妖（leprechaun）作为爱尔兰的形象大使，而不是其他。为什么？首先，三叶草虽然和爱尔兰的主保圣人帕特里克联系在一起（传说他以三叶草的形状为人们讲解三位一体），而且在爱尔兰每一片草地上都能找到，科学上来说并不存在单一一种叫作“三叶草”的植物，人们是把好几种不同科的植物混为一谈。于是关于找到一株四片叶子的三叶草就是罕见的好运气的说法也经不住实践，有些类似的植物是四片叶子为多，甚至商家已经大量培育这一品种，将种子封存在罐头里，贴上“幸运草”的标签在旅游纪念品店里出售——对于认为现代消费主义扼杀了浪漫的人，这是又一力证。其次，竖琴在爱尔兰存在已久，但并不是爱尔兰人的发明。考古认为中世纪爱尔兰的竖琴形状和结构可能更近似于希腊的诗琴，现在国徽和吉尼斯啤酒商标（有不少人认为那才是爱尔兰真正的国徽）上曲线优美的竖琴是法国人在文艺复兴时期发明的。

△ 圣三一学院和道森街口常年有一位小矮妖驻守

▽ 满城尽戴翠绿帽（2012 年圣帕特里克节）

绵羊呢？绵羊在这个农业国里的确触目皆是，但是很可惜，好些地方到处可见羊群，拿这种头脑简单的动物作自己的象征，包括威尔士、苏格兰、澳大利亚和新西兰。至于英美控股的吉尼斯啤酒……算了吧。

小矮妖可不同一般。他行事低调，却无处不在；他行踪诡秘，藏着大笔财富，只要抓住他，就能实现愿望。他在哈利·波特的魁地奇世界杯上是爱尔兰国家队的吉祥物；他出没于乡野的史前遗址，坐在挂满小布条的许愿树枝上唱歌；他也常驻都柏林最繁华的商业街口娱乐大众顺便讨点小钱；圣帕特里克节（3 月 17 号）的狂欢大游行上，许多人都一身小矮妖式全绿披挂，造成满城男人竞戴绿帽的奇观……

◊ 小矮妖的水底王国

关于小矮妖的故事，可以追溯到爱尔兰最早的本土书面文学。在公元 7 世纪的一部法律文本里，注释者为了解释阿尔斯特部族和芬尼部族（Féni, 即爱尔兰中部产生了奥尼尔王朝的族群）为何在一块地产归属上产生了争议，引用了《雷德之子弗格斯的传奇》（*The saga of Fergus mac Léti*）。据说弗格斯是阿尔斯特的国王，他成功地从芬尼部族那里为他庇护的一位流亡者索赔，赔偿中包括芬尼的一位贵妇要给他做女仆。在回国的路上，弗格斯停在海边小憩。这时候一群小矮妖从水里溜出来，悄悄地解掉了国王的剑，把他往水里拖。弗格斯的脚碰到冷水，惊醒过来，一把揪住三个小矮妖，一手一个之外，还把一个压在胸口。胸口那个是小矮妖的首领，他叫道："饶命！"并且捏着弗格斯的面颊，吸吮着他的乳头。弗格斯感到很惊奇，问他这是干什么。小矮妖说："这是我们的习俗，每当乞求对方开恩，商讨赎身条件的时候，就这样做。我可以满足你三个愿望，只要在我的能力之内。"于是弗格斯向他索要在水下行走的秘诀。小矮妖给了他一件斗篷，也有人说是给他一种草塞在耳朵里，这样他就可以在水下呆着。不过小矮妖有一个条件，就是不能潜到鲁里湖底去。自然，好奇的国王是不会遵守禁令的。他闲来无事就去潜水，终于有一天溜达到鲁里湖。他正在湖底漫步的时候，突然出现了一只巨大的怪兽，长颈利齿，肚皮像风箱一样呼扇呼扇。弗格斯差点灵魂出窍，赶紧浮上水面，可是已经被吓得口目歪斜。按照爱尔兰法律，面容不端正的人是不能担任国王的，于是他的随从想个办法不让国王知道自己成了这个样子，回到宫中，严令所有人不许走漏消息，就这样弗格斯躲在宫里过了好些日子。

有一天，芬尼女仆为他洗头，弗格斯嫌她动作慢，就抽了她一鞭子。女仆本来从贵妇沦落到此已经一肚子气，这下再也忍受不住，对国王破口大骂，告诉他自己去照照镜子成了什么怪模样。弗格斯这才知道自己毁了容，盛怒之下抽剑把女仆一劈两半。但他不失为一位血性男儿，当即奔赴鲁里湖要为自己挣回荣誉。他在湖底与怪兽血战一天一夜，掀起滔天巨浪。最终，弗格斯浮上水面，手里提着怪兽的脑袋，对着人们宣称："我才是胜者！"随即倒下力竭而死。整整一个月，湖水都被他俩的鲜血染红。

这个故事内涵太丰富了，从法律、文学和民俗角度都能读出许许多多的东西，然而除了两份法律手稿注释部分的记载之外，我们对里面的人物和故事几乎一无所知。关于怪兽的描述似乎是尼斯湖水怪传说的原型，弗格斯最后的壮举跟稍晚的盎格鲁-萨克逊史诗《贝奥武甫》中的情节惊人地相似，而小矮妖的神奇药草大概启发了J．K．罗琳在水下巫师比赛里让哈利·波特服下一把"鳃草"。小矮妖求饶的仪式可能根植于古老的异教传统，因为我们在圣帕特里克的自传里已经读到过他为了上船逃跑，也向异教的爱尔兰水手进行过一模一样的仪式，在其他法律和文学文本中也有提到"胸与面之抵押""胸与面之间的担保"等术语。更不要提故事所用的一些词汇和涉及的古代法律问题到现在学者们仍然没有完全搞清楚。不过这里还是回到神秘的小矮妖吧。

故事称呼小矮妖用了两个古爱尔兰语词汇：其一是 lúchorpán，最终成为现代爱尔兰语 leipreachán 和英语 leprechaun。一种观点认为其字面意思为“小个子”，即 lú“小”+corp“身体”+án（指小后缀），Corp 来自拉丁语 corpus“身体”。其二是 abac，这个词汇或许更能说明小矮妖的本土起源，因为它的凯尔特词源指向一个意思：“水生的，河里的”，与其同源的词有威尔士语的 afanc“水中怪兽，河狸”，以及布列塔尼语的 avank“侏儒，海怪”，来自共同凯尔特语的 *abank-“河里的”。考虑到不列颠和高卢等地出土的罗马时代石刻中的确存在一种神秘的戴帽子的侏儒形象（genii cucullati），很可能“abac”最初是凯尔特人信仰的一种精怪或河神，说不定类似于日本的河童呢。弗格斯传奇里的小矮妖就是住在水里的，另两个很早的故事也证明了小矮妖的水属性。

第一个是库呼兰和参贝克（Senbecc）的故事。有一日，库呼兰和他的车夫来到博因河边，正在菲克池塘边捕鲑鱼。这时他瞧见一个小人儿，穿着紫色衣服，坐在一条铜制的小

△ 最早的小矮妖？罗马时代高卢石刻

船里，不需划桨就能逆流而上。库呼兰抓住他，问他在做什么。小人儿解释说他叫参贝克（Senbecc，意为“老且小”），是来找魔树上结的榛子的，该树每年只结九颗榛子，成熟时落入一口叫作色格斯（Segais）的井中，井水溢出将榛子顺流带入博因河。这些是智慧之果，谁要是吃了就能洞晓世间的一切知识。为了证明，参贝克告诉库呼兰一些人世不知道的秘闻，还对他诵了一首诗：

我非幼儿，我非成人，

我非学问中的稚童。

上帝的神秘赋我才能。

我是小矮妖 (abcán)，睿智的学者，色格斯井的诗人，

我叫作参贝克，仙丘主人爱布雷克之孙。

参贝克求库呼兰放走他，提出要送他一套斗篷作交换，穿上就不会溺毙，也不怕烈火。库呼兰不要。参贝克又提出好几种宝物，库呼兰都不应许。最后参贝克说：“那我先为你弹奏一曲，再慢慢商议吧？”库呼兰说好，于是小人儿拨动诗琴，弹起一首极为优美的挽歌，库呼兰便不由自主地流下了泪；参贝克又弹起欢快舞曲，库呼兰便止不住地大笑；

最后参贝克弹起催眠曲，库呼兰便瞬时堕入梦乡，等他醒来，参贝克早已逃得不见踪影。

这也是一个非常精巧的故事，创作时间不会晚于8世纪。值得注意的是有几处和弗格斯传奇特别相像：首先，参贝克说自己是小矮妖（abcán），亦即“小小的精怪（abac）”，他的名字也透露出这一点（becc，小）。他活动在河里，拥有一件同样是使穿戴者能够入水活动的斗篷，也试图用它来交换自由。他还来自仙界，拥有并追寻秘传知识。所有共通点都似乎证明小矮妖起源于某种水中神明。

另一个法律故事在文学史看来可能更有意思。它提到圣经里该隐和亚伯的篇章。该隐因为妒嫉杀害自己的弟弟亚伯之后，上帝让他长出了五个大脓包：一个在额头，两个在两边脸颊，每只手上再一个。由此人们可以对他和他的后裔避而远之，引以为戒。这个故事里说该隐有个女儿叫安比娅（Ambia），她因为父亲的罪恶而变得畸形：她有着女人的上身和一条鱼尾巴，在水里和陆上都来去自如。有一天她在海底睡着了，一条鳟鱼游过来在她的嘴里产卵，之后她一下生出了二十二个孩子，两个特别巨大，男孩叫佛沃勒（Fomoire），女孩叫伊莎贝拉（Ispela）。还有一首诗为证：

鳟鱼之子贝克（Becc），双足优雅，
是世上最小的男孩。
贝克纳德（Becnait，即“小女孩”），美丽的王后，
小矮妖的家系从她开始。

这则逸闻一口气把人鱼、佛沃勒（达南神族的对手）和小矮妖包括在内。各种妖精怪物都出自该隐受诅咒的后裔，这一看法在中世纪西欧流传甚广，塞维利亚的伊西多尔（Isidore of Seville，约 560-636），《词源学》(*Etymologiae*)一书的博学编纂者就列举了数种传说中的生物或奇特的种族作为该隐的后代，包括希腊航海地理志记载的犬首人（cynocephali），犹太神话里的巨人、侏儒等。《贝奥武甫》把葛婪代一族和精灵、巨人称作该隐的后裔，可能是受到爱尔兰文学的影响。该隐自己在圣经中据说是由上帝“立了一个记号，免得人遇见他就杀他”。看来该隐因为他弑亲的罪行变得形容畸形、面目可憎，但圣经没说清楚上帝给他立了什么记号。早期的犹太传统一律把他描绘为头上长角，我对近东宗教史没有研究，不知道这一形象是否受了什么前基督教信仰的影响，又是否跟后世的魔鬼标准形象——头上长角，拖着尾巴——有关；但到了爱尔兰这里，他就被本土化成满

脸脓包。脓包一说是有渊源的，爱尔兰社会中地位尊崇的诗人所拥有的一项超自然力量就是让被他们讥讽和诅咒的对象脸上长出大脓包，从而无脸见人。脓包在爱尔兰语境里彰显着受到超自然报复的不义和罪恶。而各种被视作人类的畸变形态的种族和生物自然就归类为该隐的家族，在爱尔兰，人们首先想到的就是人鱼和小矮妖。上帝为了清除堕落的人类成员，发起的大洪水吞没了世界，却没能灭绝这些在水中来去自如的前基督教精怪。另一部重要的中世纪著作《世界六纪》（*Sex Aetates Mundi*）概括了爱尔兰基督教的世界历史观，并试图调和各种不同的传统，其中就包括将小矮妖归在诺亚之子含（Cham，曾经嘲笑其父亲醉酒丑态，而被罚子孙永为其他兄弟后代之奴隶）的谱系里，认为上帝发下的洪水毁灭了该隐的全部苗裔，含却跟着父亲上船逃过此劫，所以他各种畸形的子孙得以存活至今，从而避免了违背圣经的文义。古老的信仰和圣经故事平滑地拼接起来，是中世纪爱尔兰文学的重要特色。

◊　从狼人到矮妖

最近系统地考证小矮妖名称起源的研究指出，中世纪爱尔兰故事里的“Luchorpán”或者“Luprachán”和具有明显凯尔特词源的“abac”被认为是同义词，指向这种矮小、水生、狡猾的精怪。然而前者应该来源于对前古典时代风俗的中世纪重新阐释。探寻这一过程为我们生动地展现了中世纪延续和发展之前世代知识的图景，中世纪并非像常被标签的那样是一个“黑暗”的时代。我们之所以有中世纪的民智蒙昧、社会混乱、古典学识多被遗忘和曲解之感，是因为我们（或说西方）今天的知识体系和研究方法，甚至社会组织形式和整个世界观通过文艺复兴承接了古典时代，而在许多方面弃绝了中世纪已经高度发达的传统。我们丢弃和歪曲中世纪学问之程度远胜于中世纪学者遗忘和曲解古罗马古希腊，而且我们还不如他们对待过去智慧的谦虚。在我们看来，中世纪文人卷帙浩繁的论述、注释大部分由于背离我们这个时代的学术标准和追求而显得一文不值，拙劣可笑，更因为这些作者大多谦卑地匿名或托名，看起来就好像整个中世纪没出产多少像古典时代那样富有个性的光辉灿烂的名字，我们更不能理解学术依托于教会的庇护和指引。伊西多尔的词源学在历史语言学看来荒诞不经，但却蕴含着丰富的哲学、美学和自然科学思想。

至于英语“小矮妖”（Leprechaun）一名，可以回到罗马的瓦罗（Varro，前 116 年 – 前 27 年）已失传的著作《论罗马民族》（*De gente populi Romani*），被奥古斯丁引用于他的《上帝之城》（*De civitate Dei*），同样的内容也出现在老普林尼的《自然史》（*Naturalis Historia 8.34*），里面提到阿卡迪亚（Arcadia，希腊伯罗奔尼撒半岛中部）一个部族要定期通过抽签选出一人，游泳渡过一个湖，来到一处荒岛上，变形为狼与其他狼为伍度过九年时光。在这九年中如果他没有食人，到期就会变回人形回到部族中间；如果吃了人，就终身为狼。

出产狼人的阿卡迪亚跟早期罗马的宗教仪式有一项重要的联系。据奥维德的《年历》（Ovid，*Fasti*）和李维的《建城以来史》（Livy，*Ab Urbe Condita*）及其他古典作家记载，特洛伊战争之前六十年，阿卡迪亚有一位名为伊凡德（Evander）的英雄为形势所迫出走流亡，带着两整船的追随者来到罗马。当时罗马还不过是散居的小部落，一位本地首领法乌奴斯（Faunus）款待了他们，将帕拉蒂尼山（Palatine Hill，罗马台伯河边）赠给他们居住。阿卡迪亚在希腊宗教和神话里是潘神（山羊腿的畜牧之神）的住地，这些希腊移民把祖国的宗教带到罗马，设立了一个名叫鲁珀卡利亚（Lupercalia）的节日，大约在每年的 2 月 13 至 15 日。在这个节日里男子们几乎一丝不挂地在山路上来回奔跑嬉戏，用刺枝互相抽打，妇女们则在路边伸出手被枝条鞭笞，祈求怀孕多产（普鲁塔克《恺撒生平》）。祭司（Luperci）身披山羊皮，在山上一处泉水（Februa）边举行清洁仪式，以求涤去前一年的罪恶与坏运气。祭司还在鲁珀卡（Lupercal）岩洞前(即传说中罗马城建立者罗慕路斯两兄弟受母狼哺乳之处)献祭取悦神 。

古典作家们的记叙有可能像维吉尔的《埃涅阿斯纪》那样，是他们出于对希腊文化的久远和精深之景仰而杜撰的，伊凡德不一定实有其人，本地首领法乌奴斯名字跟罗马牧神的重合也让人怀疑。然而这一说法背后或许有部分的历史真实。希腊殖民者很早就在意大利南部建立了许多殖民地，他们的文化从那里开始深刻影响了当时尚未开化的拉丁部落。鲁珀卡利亚这个词跟阿卡迪拉半岛的潘神节日“狼山节”（Lycaia，在“狼山”Lykaion 举行）词源上都能追溯到“狼”（拉丁语 lupus, 希腊语 Lycos）。狼作为罗马城建立者的乳母之重要性不言而喻，而狼象征在阿卡迪亚节日里的意义也不仅在于地名，柏拉图在《理想国》里曾经提过，每九年这里的部落就会在山上聚会，向本地神 “狼山宙斯”（Zeus Lykaios）献祭，祭牲中会混入一小块人肉，谁要是吃了就会变为狼形，保持九年，如果在此期间没有再吃人肉，就能恢复人身，明显跟上述瓦罗和普林尼记载的风俗引用了相近的希腊传说。共通的狼象征可能使得古典作家们为两地相似的牧神节日创造了一个希腊起源。

那这些又怎样关联到小矮妖？我们首先要知道鲁珀卡利亚涤洁仪式的水源费布鲁阿（Februa）赋予节日举行的月份名字——也就是二月（February，拉丁语 Februarius）。因此鲁珀卡利亚的起源和内容便成为中世纪学者关注的对象，尤其在复活节计算（Computus）和解经注释（Exegesis）的领域。

在中世纪早期，计算复活节星期天的确切日期是件吃力——而且常常引起教派纷争——的事情。原则上复活节在北半球春分后第一次满月后的第一个星期天，春分被定在 3 月 21 日，而这里说的“满月”并不是指真正月相满盈，而是教会阴历中一个月的第十四天。因此有必要由教会计算并规定每一年复活节的日期。教会史上曾对沿用何种计算方式，如何制定月历进行过数次大的改革，而爱尔兰由于地处偏远而且在基督教文化方面成就非凡，影响力巨大，曾经在 6 至 7 世纪公开与罗马教廷就复活节计算的问题分庭抗礼。因此复活节计算一直是爱尔兰僧侣们非常关心的课题，制作了大量的年表和文献，不仅遍布爱尔兰，还通行于欧洲大陆不少地方。在复活节年表空白处记录下该年发生的大事，则是中世纪编年史体裁的开端。

解经注释学源于对神圣经典的释义，但在中世纪得到了极大的发展，不限于解读《圣经》，而且广泛应用于所有文本，包括复活节计算表，所以我们在7世纪的爱尔兰复活节计算文献中能读到对每一个月气候、自然现象、节日和传说的广泛收罗和评论。在现代人看来一些注释对原文的误解荒唐可笑，其方法论则恣意无章，分拆词语法、寓意解经法，或者新约旧约的类比，像中国评注传统里将《诗经》的爱情歌谣硬解为用儒家道德风评时政那样牵强。然而这些方法的价值在于它们提供了一个容许多种不同来源的知识和不同取向的解释共存的框架，中世纪的学者们并没有我们追求“唯一真相”的执着，他们相信解释越是多样和相互冲突，就愈能接近事物的全貌；他们饥渴而谦卑地收集着逝去时代的知识，并不因当下的价值观而抛弃不同的思想。

归功于他们的谦逊，我们有幸窥见小矮妖的身世一角。数种爱尔兰计算和解经文本都引用了奥古斯丁有关阿卡迪亚人变形的记述，却把罗马传统和希腊传说混为一谈（考虑到他们和古典作家之间相隔六七百年，是可以原谅的），声称在东方有一个部族叫鲁珀尔奇（Luperci），他们会选出一人游泳变狼如此这般。学者们更把这种“邪恶的变形术”归咎于诺亚之子含发明的奇技淫巧，将各种危险奇怪的部族定为该隐之女受诅咒的后代。现在我们不难看出古典知识又是怎样和基督教信仰连接，在前述该隐女儿的故事里终于产生出我们的“Leprechaun”。大概“Luperci”与水的联系使得学者们把他们与同是该隐女儿后代的“Abac”等同起来，又从一个派生的拉丁语形容词“lupercanus”得出爱尔兰语的“luprechan”。从公元前两千年希腊阿卡迪亚山中的人祭辗转到中世纪爱尔兰文学水里的小矮妖，“Leprechaun”一词的旅程贯穿的不仅是整个欧洲大陆，还是整部欧洲早期文明史，让他来代表爱尔兰，何其光荣！

◊ 绿帽怎么戴上的？

早期爱尔兰文学里的小矮妖只是缩微的人形，并没有详尽的衣饰和外貌描写（除了提及参贝克穿着紫衣）。现代流行文化里的绿帽子、棕靴子和关于金子的传说又是哪里来的？我们得再次跨越又一个千年追寻绿野妖踪。

应该先提一提中世纪爱尔兰文学的两个主要层次。上面引用的故事都出自中世纪的牛皮法律手稿，由修道院的僧侣或世俗的家族学者写就。在中世纪欧洲，纸张尚未成为书写的主要载体，文本都记载在制过的牛羊皮革上，可以想见书籍手稿是多么珍贵：不仅只有经受过教育的知识分子能够读写，他们对抄写也是非常慎重，贵重的皮纸只用来记录崇高和精练的知识，而且要善加利用每一寸空间。在爱尔兰，知识分子形成了一个世俗与神职交织、具有稳定的传承和评价机制的庞大群体，从 6 世纪到 18 世纪流传下来的文本都为我们呈现出一部丰富多彩、生机勃勃的思想史，各种层次和体裁的叙事、论著、诗歌、评注、论战、校订和选编比比皆是。有诸多的教育中心和学者家族，不同的学派和知识体系并存。这些知识分子是以书面文本为导向进行创作的，因此他们记录的故事大多简洁缺乏细节描写，注重意义而非情节，和其他文本（包括法律、神学著作）有强烈的互文性。

然而这不意味着在抄写室外的大众都是愚氓。在书写尚未来到爱尔兰之前，就已经有极其丰富的文学流传民间，文人们的故事大多脱胎于此；人们尊崇的传统知识（Senchas），包括家族谱系、习惯法和地名词源（Dindshenchas），都是以优美的诗歌在口头代代相传的。故事进入牛皮书卷并不意味着它们就在民间消亡了；相反，它们作为潜藏在璀璨精致的书面文本底下更为多变和深广的暗河一直奔流，持续影响着书面文学。与致力于节省书写空间的书面创作不同，口头文学活跃在酒馆的长桌旁、守灵的草垛上、冬夜的炉火边，它要求讲述者尽情发挥，描述尽可能多的细节，制造尽可能曲折和离奇的情节来打发时间和喂饱想象力。

在一个弗格斯传奇的13世纪版本里就可以清楚地看到口头文学是怎样改变了书面文学的审美趣味。7世纪时就已经有这个故事，它被记录在法律里之后，显然在人们口头继续流传，13世纪的文人将他们同时代的民间版本写下来，有旧版本十倍之长。多出来的是一部“前传”对小矮妖宫廷的描绘，各种对话、细节描写，以及小矮妖国王对弗格斯罗列自己宝物的长长歌谣。与旧版本那种史家速写式的英雄主义气氛截然不同，新版本一开始就上来一个幽默故事，告诉我们小矮妖国王大宴群臣，他是如此志得意满，对大家夸口说世界上再也没有比他更高大强壮、领土更宽广的国王了。一位见多识广的矮妖诗人当众嘲笑国王是井底之蛙吹牛皮，国王气不过亲自去弗格斯的王国见识，发现自己果然不如人家腰带高，还掉进了一个大酒瓮爬不出来，被弗格斯抓住取笑。之后的故事主线大致不变，不过这里已经有对小矮妖更为丰富的细节描述。他们的穿着豪华精致，不再是7世纪爱尔兰英雄围在身上用别针固定的简朴的披巾，而是类似于同时代文学描写人类贵族的衣装，丝绸绣金，银扣腰带，

△　伊丽莎白时代的小矮妖形象

▽　18 世纪戴拿破仑式帽子的时髦小矮妖

小牛皮靴，缀满花边和珠宝，明显来自对12世纪后诺曼英格兰宫廷时尚的摹仿。

小矮妖的打扮与时俱进。到了十五六世纪，他就戴上了伊丽莎白式的皱领配过膝马裤；在18世纪民俗学家搜集的故事里，他穿着当时英军带金色钮扣的红色制服，还系了绑腿。据说他的帽子是红色尖尖的，一点也不像现在的绿色圆礼帽。今天随处可见的绿色小矮妖形象是20世纪晚近的发明，尤其是詹姆斯·史蒂芬斯（James Stephens）的《金坛子》（*The Crock of Gold*，1912)（“他们全穿着绿色紧身衣，小皮围裙和高高的绿帽子”）和百老汇音乐剧《菲尼安的彩虹》(*Finian's Rainbow*，1947）。绿色的小矮妖尤其受商业和旅游业欢迎，因为绿色是爱尔兰的标志性颜色。因此像可口可乐发明的圣诞老人一样，全绿披挂的小矮妖就流行开来。

不止是服装，小矮妖的身份、职业和爱好也随时代而变。起源于凯尔特水中精灵的小矮妖很早已经和仙丘（sídh）的居民时而混为一谈，大概是由于他们都来自具有魔力和长生不死的彼岸世界，且传说有的仙丘像小矮妖的国度一样位于海外的水底。中世纪的文人力图调和本土传说和基督教世界史，发明了西班牙的密尔（Míl of Spain）这样一个爱尔

△ 1947 年百老汇音乐剧《菲尼安的彩虹》（Finian's Rainbow），小矮妖已经变“绿”了

兰人的祖先，其素材来自一则轶闻，说西班牙的军队（拉丁文 miles hispaniae）曾经征服爱尔兰。这种“合成历史”的集大成者是 10-11 世纪编纂的《征服书纪》（*Lebor Gabála Érenn*），密尔和他的家族源自斯基泰人和埃及人，见证了巴别塔的倒塌，在摩西带领犹太人出埃及后也跟着浪迹世界，最后来到西班牙，从那里移民爱尔兰。密尔的人民战胜了此前的居民达南神族，开启了人类的时代，而达南神族则隐居地下，被等同于民间传说里的仙丘居民（见“隐遁的诸神”

△ 21 世纪，都柏林机场，小矮妖欢迎你！

一章)。于是渐渐地小矮妖也被视作主宰地下世界的达南神族，在一年中地特定时间会通过两个世界的交接出来大规模地游荡。越往后，他们就越脱离了原来诸神的特征而更加近似于民俗信仰里矮小、诡秘、淘气的地精一族，他们有自己的生活，拥有人类不知道的知识和魔力，但喜欢对人搞恶作剧，有时会惩罚不慎或不敬的人类。

12 世纪后英国的统治和文化输入为小矮妖带来了新的特性。英国民俗里类似的各种土属性精怪（Goblins, Pixies, Gnomes, Elves 等）跟小矮妖融合，使人们把小矮妖想象为尖耳朵、长胡子、爱坐在蘑菇上、地下财宝的保存者，等等。他们不再只在特定节气闯进我们的世界，而是常年活跃在田野和树林里，甚至依附于人类家庭。他们拥有的不再是魔法和秘闻，而是实实在在的金子。不过我们在早期故事里读到的一些性质仍然保存在 19 世纪的小矮妖身上，人类依然可以通过抓住他迫使他用财宝来交换生命，他也依然有无数狡诈的方法像参贝克一样逃脱追捕者，这些是英国地精故事不具备的。

◊ 捕捉小矮妖指南

据说小矮妖善于隐身，跑得闪电一样快，平时人们是抓不住他的。只有等到他因为鞋子磨损停下来坐在一个地方补鞋的时候，才能趁机扑上去。被抓住的小矮妖会极力否认自己有任何财富，哀求挣扎，试图引开人的注意力。但是当心了，一旦你把目光从他身上移开，他就会从你手心里突然消失。一定要死死盯着他，无论他让你看别的什么都不要转头，更不要相信他一钱不值的鬼话。当他发现招数不管用，就会提出带你去藏财宝的地方，指给你看地上一处，以交换自由。但是狡猾的小矮妖肯定是在撒谎，你要提出等到把金子挖出来，才能放他走。他多数会不情愿地指给你另一个地方，发毒誓说这是真的，让你自己去挖。但是人们通常不会身上带着铲子，于是许多故事都说，这个幸运儿在地上或树上作了一个标记，放开小矮妖回家拿铲子。可是当他拿了铲子回来，就发现到处都挂满了一模一样的标记，最终小矮妖还是技高一筹。所以到爱尔兰来一定要记得随身带把铲子！

由于人们只有在小矮妖补鞋的时候才能见到他，久而传说就变成了小矮妖都是鞋匠，他的金子都是通过为其他精灵和仙子补鞋挣来的。如果你在林间和路边听到神秘的敲打声，那一定是附近有个小矮妖在营业，一旦你抓住他，恭喜发财！

不过现在小矮妖几乎完全从乡间绝迹了。一种说法是他们发现到城市里当出租车司机更加有利可图，更能隐藏身份，都柏林的出租车行业甚至有一个秘密的小矮妖工会。另一种说法是小矮妖极度讨厌学校和老师，因为老师们不相信他们存在，对孩子们痴迷于小矮妖嗤之以鼻。人们说只要哪里开办了学校，附近的小矮妖就会销声匿迹。当然，金子也随他们而去。还有一种说法归咎于前些年爱尔兰过度兴盛的考古潮，考古队们把小矮妖辛辛苦苦积攒了上千年的金子都挖出来运进了博物馆（尤其是都柏林的国家考古博物馆），小矮妖们倾家荡产，愤而集体出走，有消息人士称他们被布鲁塞尔的欧洲中央银行雇用看管地下金库，不过有关部门一直否认这一说法。

爱尔兰 Q&A

1. 爱尔兰在哪里?

○ 爱尔兰岛在北大西洋上，不列颠岛（英国本土）的西边，离不列颠岛最近处只有大约20公里。爱尔兰岛政治上分为两个国家：东北边是属于英国的北爱尔兰六郡，其余部分是独立的爱尔兰共和国。本书所说的“爱尔兰”主要指爱尔兰共和国。

2. 爱尔兰属于英国吗?

○ 见前条，虽然英国曾经统治爱尔兰岛数个世纪，现在该岛的大部分是一个独立的国家，千万不要在爱尔兰或者北爱尔兰弄错这一根本的区别，否则等于找打。特别是在北爱尔兰，政治光谱极为复杂，有忠诚于英国，自认为英国人，主张“英国，一点也不能少”的所谓“橙党”，也有为数不少仍希望与爱尔兰共和国统一的人，所以最好别提这茬。

3. 爱尔兰人是凯尔特人吗？

○　是也不是，看你怎么理解“凯尔特人”。现代爱尔兰人的民族来源非常庞杂，但作为现代民族国家构建过程的结果，他们都认为自己是伟大光荣的凯尔特人的后裔。详见“谁是凯尔特人”一章。

4. 爱尔兰人讲什么语言？

○　虽然共和国坚持把爱尔兰语（一种跟苏格兰盖尔语相近的凯尔特语言）作为国语，（爱尔兰口音的）英语仍是这里通用的日常语言。爱尔兰语是学校的必修课，然而大多数爱尔兰人在生活中完全不用，也就逐渐淡忘，只有很小一部分人能流利运用爱尔兰语。仅有几处地区的居民将爱尔兰语作为母语日常使用，这些地方被称为盖尔区（Gaeltacht），得到政府的特殊支持，也是游客必去体验“传统、纯粹爱尔兰生活”的景区。爱尔兰本土的语言还有两百年前苏格兰移民带来的阿尔斯特低地苏格兰语（Ulster Scot）和游牧民讲的混合语言Shelta，这些语言都在迅速消亡。

5. 英国脱欧对爱尔兰有什么影响？

○　关于这个问题的书和文章汗牛充栋，这里就不展开。脱欧的一个关键议题是爱尔兰共和国和北爱尔兰之间的边界。在

1996年复活节和平协议之前，英军在边界上设了许多检查哨站，对来往的爱尔兰人盘查搜身，唯恐放进了恐怖分子。然而北爱分裂时的边界沿袭了原英国殖民政府的郡治区划，并不遵循本地村落、社群和田地的自然划分。于是很多家庭分居两国，来往不便；居民要上学、采购，最近的学校和市场却在边界对面。复活节协议之后边界检查取消，两地来往自由，权利平等，加之欧盟一体化带来人员、货物和资本的自由流动。事实证明在平等前提下的自由流动比起带有歧视政策的统一更有助于消弭历史恩怨，带来了和平。很多人都担心，英国脱欧如果带来任何形式的边界检查和区别对待，会抵消掉二十年来和平的努力，使北爱尔兰重陷于贫困和冲突。

6. 爱尔兰人吃什么？

○ 主要是土豆，各种形状颜色，各种做法（详见“土豆岛”一章）。奶和肉的质量上乘，价钱也不贵，蔬菜种类很单调。名菜有爱尔兰乱炖（Irish Stew），腌牛肉（spiced beef），黑布丁（即血肠，blackpudding），炸薯条，土豆炖白菜，煮土豆，烤土豆，土豆泥……

7. 普通爱尔兰人平时都干什么？

○ 上班，喝茶，聊天，看电视，养孩子。聊天的内容集中在三方面：天气，笑话，骂政府。

8. 爱尔兰人是不是都会跳踢踏舞、吹风笛?

○ 很多小孩子在学校里学过踢踏舞和锡笛（Tin Whistle），长大后估计都不会记得了。爱尔兰的风笛叫“肘风笛”（Piopa Uileann），比苏格兰的高地风笛要小，把皮袋子鼓满气夹在肘下吹奏，需要比较高的技巧。

9. 爱尔兰人喜欢什么运动?

○ 比较受欢迎的运动包括板棍球（Hurling），类似曲棍球，由盖尔运动员协会在19世纪按照古代故事的描述重新发明；盖尔足球（Gaelic football），手脚并用的足球混战；橄榄球(rugby),据说来源于古代维京海盗抢夺财宝的近身肉搏。然而，最受欢迎的全国性运动是坐在沙发里收看前述比赛。

10. 爱尔兰的气候怎么样?

○ 术语叫温带海洋性，终年温和湿润，至于怎么样叫温和，则见仁见智。一年到头都在0-20摄氏度之间，加拿大人说温暖如春，新加坡人说天寒地冻。下雨完全不可捉摸，几乎每天有雨。据说爱斯基摩人因为生活环境的缘故，其语言里有数十个不同的词汇称呼各种各样的冰雪。可是爱尔兰这样的气候，人们平时只用一个词“rain”来称呼各种各样的雨。其实丰富词汇都用在描述感受上了，爱尔兰人用数十个不同的形容词精确表达每日的天气，从 amazing, wonderful, pleasant 到 gloomy, horrible, hellacious，花样推陈出新。另一项重要特点是爱尔兰人穿衣服看的不是温度，而是天气。数九隆冬只要阳光普照，人们就都短装上阵；八月一旦下起了雨，便羽绒大衣出场。如果你想入乡随俗，就要跟他们一样，在寒风中穿短袖沐浴阳光，一边咬牙切齿地说："今天的天气真是美极了！"

11. 既然天天下雨，爱尔兰人是不是出门都拄着雨伞？

○ 非也。您估计是想起了英国人的经典形象：头戴礼帽，身穿黑西服，手拄长雨伞。首先，在这个比乡村更乡村的国度，过于正式和拘束的穿着会被认为是律师，一种类似于传说中班西女妖（Banshee），要是碰见了一定会倒霉的生物；其次，爱尔兰人对天气处变不惊的态度位居世界前列，在狂风暴雨中不打伞泰然自若地行走的满街路人，常常让外国人惊叹他们对生死之豁达。实际上，在这座多风的海岛上，雨伞（尤其是女士偏爱的小巧折叠伞）是几近于无用的，走不了多远就会被自然的伟力摧毁。难以预测的天气令本地人从小就对天意的变幻多端有深刻的认识，淋点雨根本算不了什么。来爱尔兰最实用的装束是一件防水挡风带兜帽的风衣，可以适应任何天气。

12．爱尔兰交通发达吗？

○　都柏林正在筹建地铁，乐观估计 2027 年能竣工。除此之外没有一个城市有地铁。都柏林著名的现代景观之一是有轨列车，外观酷似日本新干线子弹头，时速却在 10-20 公里左右，比自行车还慢。这种车爱尔兰语为“快速”（Luas）的意思，是爱尔兰式幽默的一个例子。

高速公路比较发达，长途公交除了几条主要快速线路外普遍曲折漫长，每个小镇都停靠，但却能让你很好地领略田园风光和乡土人情。铁路主干都是英国统治时期修筑，虽然速度颇快，线路却有限，而且晃动剧烈，一个著名的段子说餐车上的鸡尾酒和奶昔（milkshake）不需要搅拌器就能做出来。西北部多内加尔（Donegal）地区至今没有铁路。

13．爱尔兰人都喝吉尼斯黑啤酒吗？

○　喝的人不少，但他们更青睐本地佳酿，在都柏林之外，你点吉尼斯黑啤的意思是“我不知道这儿有什么好酒，给我推荐一个”。科克居民出于“科克民族主义”，更喜欢喝比美鲜（Beamish）或墨菲斯（Murphys）。

14．现在还有小矮妖吗？哪里能找到他们？

○　有，真正的小矮妖一般都混在人群里，不穿他们招牌的绿衣服。他们最喜欢从事的人类职业之一是出租车司机，当你步出都柏林机场，坐上出租车的时候注意观察，如果司机常用一种你听不懂的语言咕咕哝哝，眼神闪烁，开车莽撞，那么他九成是个小矮妖。你可以问他在哪里能找到金子，他会心领神会地把你载到国家考古博物馆，里面有一整个大厅的史前金器。提醒一句，道森街口的小矮妖是人扮的，而且不总是同一个人。

15．为什么爱尔兰人养这么多绵羊？

○ 这里湿润温和，特别适合草生长，稍不注意，你的田地或花园就长成了高过人的草海。长期使用时，绵羊比剪草机便宜。

16．爱尔兰有什么值得买回家的纪念品？

○ 仅供参考：买一则墨菲定律或爱尔兰谚语回家挂墙上，每天下班读一遍治愈心灵；买一件笨重的阿兰群岛毛衣当睡袍或者化装派对上扮成绵羊；买一对克拉达戒指（Cladaghring）与爱人佩戴，但如果他 / 她已经太 嗦，千万不要再买布拉尼之石的仿制品让他 / 她妙语连珠；如果你讨厌你的邻居，可以试试买一套风笛 (pipes)、哨笛 (tin whistle) 或手鼓（Bodhrán）回家练习；如果你想家里充满旅游纪念品商店的美妙爱尔兰氛围，请购买“爱尔兰传统歌谣”唱片，像他们一样全天滚动播放。如果你是吉尼斯啤酒的忠实拥趸，以上所有物品都有黑色带商标的吉尼斯版本供选择。

17．爱尔兰安全吗？我应该提防什么？

○ 相当安全。都柏林之外的警察（爱尔兰语 Gardaí）日常主要的任务是截查酒后驾驶和抓那些让宠物狗随地便溺的主人，尽管这两件任务他们做得并不十分出色，满大街依然是违章司机和狗屎。爱尔兰的司机即使在微醺的状态下还是非常尊重行人的，只要他/她还看得见你，一般都会停下来挥手让你先过，所以在街上最需要提防的是踩狗屎。其次在城市深夜出门尽量别招惹醉汉，尽管他们白天可能是体面礼貌的工人或大学生。第三，虽然酒馆几乎是爱尔兰夜晚的唯一去处，而且里面的气氛总是让你想多来一杯，请勿喝过头让自己变成醉鬼中的一员。

都柏林这座一百多万人的城市，充满游客、投机者和移民，有着同等规模城市可能有的一切危险。交通是游客最容易出事的环节。从机场出来那一刻就要记住爱尔兰的车辆右舵靠左行驶，不止一位游客抵达爱尔兰见到的第一件，也是最后一件事物就是从右手边突然出现的巴士。在都柏林街头不要跟着本地人穿行电车道，你没有他们久经沙场的鹰眼和鹿腿，保不准脚会卡在轨道里。不要以为你能像他们一样抓住两边人行绿灯重叠的时刻穿过整条奥康纳桥（O' Connell Bridge）。留心僻静小巷和可疑的人物。

北爱尔兰的贝尔法斯特和德里（Londonderry 或 Derry）

虽然已从经年的动荡中平静下来，冲突造成的社会撕裂和仇恨依然阴魂不散。不要随便谈论政治和宗教话题；除非有本地人带路，避开那些偏僻、冷清的街区。

黄金准则：虚心请教本地人。

18．爱尔兰有些什么重要的节日？

○　除去圣诞节和复活节之外，最重要的节日是圣帕特里克节（St. Patrick’s Day）。圣诞节和复活节人们都会回家团聚，街上冷冷清清，商店全部关门，甚至交通停摆，最好不要此时来爱尔兰。圣帕特里克节则有街头的盛大游行表演，充满了后现代的魔幻气氛。

19．爱尔兰干净吗？食物安全吗？

○　爱尔兰城市的街道远算不上整洁，路面多是坑洼斑驳，规格不一，而且散布着落叶、纸屑和狗屎。不过就垃圾的性质而言，全都是纯天然的。由于之前的经济不景气，走在城市中心，会突然撞见连续的楼房之间空出一块因为年久失修房子倒塌形成的废墟。连商业街黄金地段上都会有一些商铺早已倒闭却无人承租，从窗口望进去满是野草和蛛网。这样的景象很难想象会发生在任何一座中国城市里。爱尔兰没有什么重工业，村镇和田野都十分纯净，不是一尘不染式的干净，而是充满牛粪、昆虫、灌木丛的自然野趣。除少数接受沼泽积水的之外，湖泊与溪流简直能直接灌装成矿泉水，即使在城市，自来水之清澈甘甜在欧洲都首屈一指。

这样的环境里生产的食物质量可以放心，爱尔兰有一所半官方的食品委员会（Bord Bia），负责监控爱尔兰食品的质量，给合格的产品颁发标签，并向国内外推广爱尔兰产的食品。在爱尔兰人看来，本国生产的食品质量最优越，也最新鲜和适合本地的口味，因而商店里那些骄傲地标明“爱尔兰产”的食品尽管价格上要贵一些，却总是卖得最好。

20．爱尔兰的传统生活是怎么样的？

○　有几种典型的爱尔兰传统生活形象：其一是叶芝等人的浪漫主义作品，里面的爱尔兰是一个古老、神秘、自足、充满超自然力量的伊甸园。其二是如《蓬门今始为君开》（*The Quiet Man*, 1952）的一批电影，描述了一个富足、美丽、悠闲但是极度保守的农业社会。其三是英国人眼中贫困、愚昧、封闭、懒惰的爱尔兰农民。

当然我们说的传统社会一般指的是现代化之前不久的时期（18-19 世纪），也不包括完全英国化的都柏林等大城市。即使如此，这三种形象和现实还是差得很远的。老一辈爱尔兰农民尽管迷信和喜欢讲故事，却和叶芝想象的古代传统相隔甚远，不要期待在乡间小路上跟精灵来一场艳遇；电影美化了生活，现实中只有寥寥几个大地主能有那样富裕的农庄，大部分人也就是辛辛苦苦耕耘自己那几分田而已；英国人的偏见又过于丑化爱尔兰人，并且选择性地遗忘了是殖民政府的压迫导致了爱尔兰农民贫困和无法接受教育。

其实大部分爱尔兰农村的传统生活和欧洲其他地方相差不大：熟人社会，教会有很高权威，关系和习惯维持着道德；有一间老屋，小块田地；耕种收获，饲养牲畜。虽然交通不便，但绝不闭塞，年轻人向往去城市和美国闯天下，听说波兰小麦歉收就会抬高售价。连他们的穿着、饮食和农业技术也和英国农民几乎没有区别。比较有爱尔兰特色的是用干燥泥炭作燃料，精心搭建的茅草屋顶以及一些本地传说。今天人们重建了好些传统村庄供游客参观，你能体会到他们费尽心思挖掘独属于爱尔兰的传统生活元素，却找不到多少当时的郁闷。

21．为什么很多外国人在爱尔兰会走错厕所？

○　爱尔兰的公共厕所多为市政经营管理，作为政府设施的一部分，有必要表示对国语的尊重，因此很多厕所是用爱尔兰语表注男女的。“男”是 Fir，“女”是 Mná……现在你大概明白了吧，很多人看到爱尔兰语不明就里，就猜想 F 打头的必然是 Female，M 打头的必然是 Male，同志们，“图样图森破”啊。

爱尔兰语发音规则

随着 5 世纪基督教的全面传入，爱尔兰人开始用拉丁文字来书写自己的语言。他们发展出一套独特的书写规则，基于当时不列颠人对拉丁语的发音（大概也就是圣帕特里克说的拉丁语腔调）。独立于罗马帝国外的爱尔兰吸取了罗马文化的精华，却免于被同化而失去自己的传统。留传至今的文本虽然只是曾经存在过的极小一部分，却已经是整个中世纪西欧用拉丁语以外的语言书写的最庞大浩繁的文库。我们按照正字法和语法的演变大致可以分为三个时期：中古爱尔兰语（7-12 世纪）、早期现代爱尔兰语（12-19 世纪）和现代标准爱尔兰语（20 世纪至今）。爱尔兰语的正字法甚为独特，所以这里列出一套简易的发音规则方便读者，辅以国际音标对照，避免闹出把 Conchobar 念成“孔丘八”的笑话。

1. 中古爱尔兰语

重音落在第一个音节。

五个短元音：a [a], e [e], i [i], o [o], u [u]，读如德语相应的元音

第一个音节之后的短元音常常被弱化为中央元音 [ə]

五个长元音，上面加锐音符：á [ɑ:], é [e:], í [i:], ó [o:], ú [u:]。长元音不弱化。

双元音：aí/ae [ai], oí/oe [oi], ía [ia], úa [ua]。

除此之外的元音字母组合中，必然有一些字母不表示元音，而是标识周围的辅音字母是否硬腭化（palatalisation）或软腭化（velarisation）。硬腭化即普通辅音发音时舌头接触硬腭，带出类似 [j] 的声音，近似汉语的“杰”之于“德”。软腭化即普通元音发音时带出类似 [w] 的声响，类似汉语“垮”之于“卡”。

前后有前元音字母 i, e 的辅音硬腭化，例如 bád [bɑ:d]“船”: báid [bɑ:dʲ]“船的”。

前后有后元音字母 a, o 的辅音无腭化。

后面跟着字母 u 的辅音软腭化，例如 luí [lˠi:]“躺”，buide [bˠidʲə]“黄色的”，但是 búaid [buadʲ]“胜利”的 úa 是元音，i 是硬腭化标记。

s 的硬腭化读音是 [ʃ]（如英语 ship 的 sh）: síd [ʃi:ðʲ]“仙丘”

辅音：除了以下列出的，跟英语发音相近。

b: 词首 [b], 词中、词末 [β]（如西班牙语 vivo 的第二个 v），词首鼻音变音 [mb]

c: 词首 [k]，词中、词末 [g]

ch: [x]（如德语的 Bach，苏格兰英语 loch 中的 ch）

d: 词首 [d], 词中、词末 [ð]（如英语 that 的 th），词首鼻音变音 [nd]

f: 词首 [f], 词首弱化变音（lenition）不发音，词首鼻音变音 [β]

g: 词首 [g], 词中、词末 [ɣ]（如德语 sagen 的 g），词首鼻音变音 [ŋg]

h: 本土词里没有单独的 [h] 音，一般用来表示辅音弱化（lenition），即塞音变为相应部位的擦音。

m: 可以表示 [m], 词中、词末 [v]

p: 词首 [p]，词中、词末 [b]

ph: [f]

sh: [h]

t: 词首 [t]，词中、词末 [d]

th: [θ]

没有 j, k, q, v, w, x, y, z。

每一个辅音又可以按照周围元音的标示有非腭化和腭化的区别。

例词：

Conchobar [`konxəβər] “孔赫沃尔”

Cathbad [`kaθβəð] “卡瑟瓦斯”

Loegaire [`loiɣərʲə] “莱伽尔”，现代爱尔兰语 Laoghaire, 英语 Leary

Cú Chulainn [ku: `xulənʲ] “库呼兰”

Medb[mʲeðβ] “媚芙”，现代爱尔兰语 Meadhbh, 英语 Maeve

Táin Bó Cúailnge [t :nʲ bo: `kualʲŋʲgʲə] “劫掠库林之牛”

Aislinge Meic Con Glinne [aʃlʲiŋʲgʲə mʲekʲ kon gʲlʲinʲə] “麦康格林的幻象”

2. 早期近代爱尔兰语

这是12世纪后“严艺”诗歌和其他文学创作所用的标准语，正字法上最大的区别是不再用一个辅音字母在词的不同位置表达不同的读音：

b: [b], bh: [β], mb: [m]

c: [k], ch: [x], gc: [g]

d: [d], dh: [ɣ], nd: [n]

f: [f], fh: 不发音 , bhf: [β]

g: [g], gh: [ɣ], ng: [ŋ]

h: [h] (英语借词)

m: [m], mh:[v]

p: [p], ph: [f], bp: [b]

sh: [h]

t: [t], th: [h], dt: [d]

另外元音 ea: [æ], ao:[e:], aoi: [i:]

例如 18 世纪一首诗的前两句：

Uireasa oidis bheir dorchadas tlás is ceas

[`irʲəsə `odʲəʃ βʲerʲ `dorəxədəs `tlɑ:s əs `cʲæs]

学识失落，黑暗、衰弱与悲惨

ar thuilleadh agus ormsa i bhfogas don táin nár cheart

[er `hilʲəɣ agəs `orəmsə i `βogəs don `tɑ:nʲ nɑ:r `xʲært]

笼罩我辈，不义之徒横行。

诗歌韵律是以带重音的元音系列 i-o-o-ɑ:- æ 在每行重复形成。

3. 现代标准爱尔兰语（An Caighdeán Oifigiúil）

基于 19 到 20 世纪的数种方言折中制定，是爱尔兰共和国的官方语言。和早期现代爱尔兰语在正字法上的主要区别有：

词中和词末的 dh, gh, th 常不发音，和元音融合，例如：

Caighdeán [kaid^{j} :n]“标准”，

Donnchadh [donəxə]“多纳赫（人名）”

融合的结果是一些词的读音和拼写被简化，例如：

早期现代 inghean[`in$^{j}$ɣ$^{j}$ən] 变成 iníon [i`n^{j}i:n]

早期现代 Mac Mathghamhain [mak `mahɣəvən$^{j}$]，父名，原意“熊之子”变成姓 Mac Mathúin [mak `mahu:n^{j}]，英语 McMahon“麦克马洪”。

例词：

Dia duit! [d^{j}ia ɣət^{j}]“上帝保佑你！”

Dia’s Muire duit！ [d^{j}ias mur^{j}ə ɣət^{j}]“上帝和圣母玛利亚保佑你！”

Go raibh maith agat [gə rəβ^{j} `ma: hagə^{t}]“谢谢”

Fáilte romhat [f :l^{j}t^{j}ə ro:t]“不客气”

Míle fáilte [m^{j}i:l^{j}ə fɑ:l^{j}t^{j}ə]“欢迎”

Gabh mo leithscéal [ga: mə `le:ʃk^{j}e:l]“对不起”

爱尔兰人名

现在通用的爱尔兰人名有三类：英语人名、英语化的爱尔兰人名和爱尔兰语拼写的人名。

英语人名没啥好说的，例如 William Burke，Oscar Wilde 等。

爱尔兰最早的传说人物很多为名字加上绰号，例如 Labraid Máen“哑巴拉弗里斯”，Amairgein Glúngel“白膝阿瓦尔根”，Eochu Mugmedóin“奴隶腰埃胡”。这些绰号背后多数有一个故事。然而人们多有重名，而且家系是一个人身份地位的标志，所以人们要在名字外标明自己的父亲，这一用法在 4 世纪前的欧甘石刻上已经出现，用 mac 表示：X mac Y“Y 之子 X（欧甘文 MAQQI）”，或者再加上祖父：X mac Y maic Z“Z 之子 Y 之子 X（maic 是 mac 的属格形式）”，例如 Cathal mac Conchobair maic Thaidg“泰格之子孔赫沃尔之子卡绍”。女子一般只有名字，比较有名的女人也会加父名，用 ingen“女儿”连接，如 Gormfhlaith ingen Murchada“穆尔胡之女戈伦莱斯”。

随着文字记录的发达和王朝世系的建立，很多贵胄望族开始采用家族创始人或有名祖先的名字为自己名字的后缀，用 ua 或 ó（原意“孙”）连接，如 Cormac ua Cuinn“孔之孙科尔马克”。慢慢这个后缀失去了它原本的意义而固化成姓氏，无论与创始祖先相隔多远，家族男性成员一律用同样的姓氏，从这里得出了爱尔兰最常见的姓氏类型 O’X。例如康纳赫特王 Aedh Ua Conchobair，这时应该直接用音译为艾·奥孔赫沃尔。

英国统治下的爱尔兰失去了自己的王室和贵族甚至语言，姓氏也就按照英语读音拼写，如 Ó Conchobair 变成 O’Conor“奥康纳”，Ó Flaithbheartaigh 变成 O’Flaherty。仍有一些姓氏是以 Mac 开头的，或者省却了 Mac 或 Ó，如 Brendan Gallagher。未婚女性的姓氏一般跟兄弟一样，或者用 Ní 取代 Mac，如 Caitríona Ní Dhonnchadh。但出嫁以后改用夫姓，要把 Ó 变为 Uí，全称 Caitríona Bean Uí Fhlaithbheartaigh（奥弗拉赫蒂的妻子凯特琳娜），或 Caitríona Uí Fhlaithbheartaigh。嫌麻烦的人一般就保持英语形式，比如 Caitríona 结婚后可以叫 Catherine O’Flaherty。正式名字在爱尔兰是个复杂的问题，不少人同时拥有英语和爱尔兰语的形式，加上教名的各种变体，例如我一个朋友护照上写着 Tom O’Donell，驾照上是 Thomas O’Donell，学校注册时却用了爱尔兰语形式 Tomás Ó Domhnaill。

常用的爱尔兰人名有：（爱－英对照，括号内为爱尔兰语原意）

男子：

Seán = John, Shaun, Sean, Shane

Séamus= James

Pádraig= Patrick

Tomás= Thomas, Tom

Donnchadh= Donoghue（棕发战士）

Domhnall = Donal(世界之王)

Aedhán= Aidan （火焰）

Breandán=Brendan (领袖)

Brian= Brien, Bryan (耀眼的)

Caoimhin= Kevin （优雅）

Eoin= John, Owen

Liam= William

Ruairí= Rory （红发国王）

Diarmuid= Dermot （传说英雄）

Oisín= Oisin （传说英雄）

女子：

Aoife= Eve

Caitríona= Catherine

Máire= Mary

Seona= Joana

Sinéad=Janet

Órfhlaith= Orla （黄金的统治 / 金色的酒）

Niamh= Niamh （闪亮）

Meadhbh= Maeve （传说女英雄）

Deirdre = Deirdre （传说女英雄）

Sorcha= Sorcha （明亮）

Siobhán= Joan

Mairéad= Margaret

Áine= Anne, Anna （欢乐）

爱尔兰旅游小贴士

为了方便读者按图索骥，在这里简要介绍书里提到过的一些景点的实用旅游信息。爱尔兰有丰富的旅游资源，本书无法一一涵盖，读者可参阅专门的旅游书籍。出行前请留意到以下网站查询最新的时刻表、开放时间和展览活动：

爱尔兰旅游局官网（汉语）：

https://www.discoverireland.cn/

爱尔兰旅游局的景点、活动和住宿介绍：

https://www.discoverireland.ie/

北爱尔兰旅游局官网：

https://discovernorthernireland.com/

爱尔兰铁路官网：

http://www.irishrail.ie

公交时刻查询及路线规划：

https://www.transportforireland.ie/

1. 博因河谷（Brú na Bóinne）

博因河谷遗址群是联合国认定的世界文化遗产之一，位于米斯郡，由都柏林开车前往大约1小时。主要景点为公元前3000年建筑的大型巨石墓葬群，目前开放参观的有纽格莱奇和诺斯两座。游客需先到访客中心，从该处搭乘小巴到达景点。访客中心包含餐厅、展览和商店，目前正在翻修，2019年9月恢复开放，参观巨石墓葬不受影响。

GPS定位：北纬53.694567 西经6.4463或“Brú na Bóinne Visitor Centre”，有免费停车场。

博因河谷并没有专门的公共交通抵达，但从都柏林出发有乘坐大巴一日游的线路，游览博因河谷和塔拉遗址（Tara），包含车费、门票，成人票价约为40欧元。

网站如下：https://graylineireland.com/tours/newgrange/

开放时间（2019年）：

二月至四月　9：30 – 15：30

五月　9：00 – 16：30

六月至九月中　9：00 – 17：00

九月中下　9：00 – 16：30

十月　9：30 – 15：30

十一至十二月　9：00 – 15：00

十二月　24 – 27 号关闭。

诺斯仅于 3 月 28 号到 11 月 26 号之间开放。

门票不能提前购买，在访客中心买好票后每 48 名旅客为一批由导游带领参观，票价：

	成人	儿童 / 学生	长者
访客中心	€3	€2	€2
中心 +Newgrange	€6	€3	€5
中心 +Knowth	€5	€3	€3
中心 +Newgrange+Knowth	€11	€6	€8

2. 塔拉

塔拉山也位于米斯郡，离博因河谷不远，自驾游客和一日游路线多把两处结合起来游玩。

GPS：定位到 Dunsany, Navan, Co. Meath，有免费停车场。

塔拉现在是一大片草场。考古发掘完成之后，整片地方开放给公众，既有众多的游人，也有邻近农民的牛羊。从停车场向山上走，穿过一座矗立着圣帕特里克像的小教堂就可以看见环形的遗址。登到最高处，天气好的话可以看见碧绿的乡野向天边远远延伸。

停车场旁边有咖啡馆和一家很不错的旧书店，书店主人是个颇有造诣的本地历史学家，可以买到他签名的介绍塔拉历史的书哦。

3. 寻访叶芝足迹之旅

无论你是被《凯尔特的薄暮》吸引，或是被《当你老了》感动，希望探寻这位诗人在翡翠岛大地上留下的足迹，可以参考以下路线：

叶芝出生在都柏林南郊区 Sandymount Avenue 5 号，现为私宅，但可在外部看到纪念铭牌。乘坐都柏林市郊线火车 Dart，在 Sandymount 站下车，铁道交叉路口西行 30 米左右就是。

叶芝创建的艾比剧院就在都柏林市中心奥康纳大街（O'Connell）东南端（26/27 Abbey Street Lower），常有经典戏剧重演。从剧院出来走向奥康纳大街，再向北经过战争纪念花园（Garden of Remembrance），就看到临街的作家博物馆（Writers Museum, 18 Parnell Square North），馆藏爱尔兰众多著名作家包括叶芝的手稿、生平介绍、影片记录等。

要想真正触碰叶芝心灵深处的那片神秘风土，必须前往被称作"叶芝国度"的斯莱戈郡（Sligo）。这里是叶芝成长的地方，也是他跌宕一生中魂牵梦萦的精神故乡。叶芝的墓坐落在风景如画的德伦克里夫（Drumcliff）小镇上的圣克伦基尔教堂墓地，离斯莱戈市大约 8 公里路程，一路上均有指示牌，若天气良好可徒步前往，一路上经过海岸、田野和村庄，美不胜收。德伦克里夫教堂有停车场和小餐馆，从该处还可以看到如刀削斧劈般的本布尔本（Benbulben）山，也是叶芝歌咏过的风景。

从德伦克里夫开车沿 L3305 公路西行 10 分钟左右，便是海滨的莉莎黛尔（Lissadell）庄园，曾为戈尔 - 布斯（Gore-Booth）家族所有，其中一位康斯坦斯·戈尔 - 布斯（Constance Gore-Booth）即为日后的革命家、文学赞助人马克维耶奇（Markievicz）伯爵夫人。她是叶芝的童年好友，因此叶芝在莉莎黛尔庄园度过了许多难忘的时光。

回到德伦克里夫，沿 N15 公路北行一小段后按 Glencar Waterfall 指示牌折进向东的 L34022 公路，5 公里左右便抵达 Glencar 湖，湖畔曲径通幽，宛如仙境的树林中掩映着一挂瀑布，让人足以忘却一切俗世烦扰。

叶芝笔下的茵尼斯芙里岛（Innisfree）或许来自他的美好记忆和想象，不过现在大家都把斯莱戈城东吉尔湖（Lough Gill）中心的岛屿叫作茵尼斯芙里，倒也有诗中“夜晚充满红雀振翅”的韵味。

4. 凯尔经和圣三一学院

圣三一学院（Trinity College Dublin）就坐落在都柏林市中心，爱尔兰国家银行的对面，肯定不会错过。学院内庭可自由参观，但不能进入建筑或教室。凯尔经展览在老图书馆的楼下，包括对手稿制作、凯尔经历史、艺术价值的全面介绍，在内室可以看到玻璃展柜里的手稿本身，一般打开固定在其中一页，不能拍照。参观完手稿后可以上楼参观老图书馆，走廊两面高达天花板的桃花心木书架上塞满了旧书，日光从玻璃格窗斜斜射入，自有一种肃穆深沉的气氛，令人赞叹。老图书馆不时会有其他手稿展览。出口处的商店有丰富的纪念品。

最好网上提前购票以避免排长队：https://www.tcd.ie/visitors/book-of-kells/tickets-information/，成人票价 11 至 14 欧元，12 岁以下儿童免费。

喜欢中世纪手稿的还可以到圣三一学院南门外 Dawson Street 19 号皇家爱尔兰学会的图书馆里观赏轮换展出的珍贵手稿，对公众免费开放，但注意保持安静和体面。他们的明信片做得很精美，还可以免费拿手稿图案的书签。征得管理员的同意，参观学会维多利亚式的旧图书馆也是很不错的体验。

5. 布拉尼城堡

布拉尼城堡不仅有巍峨的 13 世纪诺曼式城堡，还有花园、马场、药草园、湖泊、森林……足可以消磨一整天。比起许多其他城堡，布拉尼的交通要方便得多，从科克市（Cork）中心的马德龙酒店（Maldron Hotel）门口乘坐每半小时一班的 215 路公交车，大约半小时就可以抵达城堡庄园门口。布拉尼本身是一座繁华的小镇，甚至还有一座购物中心，所以不必担心午饭的问题。

到了城堡切记要爬到顶上去亲吻布拉尼之石，还有不要触碰药草园里的剧毒植物。种在幽谷里的树蕨桫椤值得穿上靴子深入探索一番，孩子们还会流连于神奇的精灵森林！

建议提前在网上订票：https://blarneycastle.ie/。基本每天从早九点到日落都开放，成人 16 欧元，8 岁以上儿童 7 欧元，学生 13 欧元。

6. 吉尼斯酒厂

吉尼斯酒厂是都柏林最为热门的景点之一，坐落在城西的休斯顿（Heuston）火车站对面，那高耸的塔楼在市内大部分地方都能看到，但酒厂参观的入口实际上在酒厂背面的“商场街南”（Market Street South）巷子里，并不容易找。如果不是乘计程车前往，最短的路线大概是乘公交到詹姆斯门詹姆斯街（James's Gate, James Street）站下车（使用 https://www.transportforireland.ie/ 提前规划好路线），然后跟着人流走即可。

酒厂参观部分在一座七层高的厂房里面，每一层都有精心布置的展览，从大麦种植、啤酒的历史到工人生活和吉尼斯广告创意应有尽有，饮酒者可以在四楼学习怎样摇动把手为自己斟一杯完美的新鲜黑啤酒，还可以领到一份证书。观光客最后登上顶楼玻璃幕墙的“重力酒吧”，领取一杯饮料的同时鸟瞰都柏林景色。

建议网上提前订票：https://www.guinness-storehouse.com/en。成人票价 18.50 欧元，13-17 岁 16 欧元，13 岁以下免费。票价包括一杯饮品。

初版后记

其实，我平时不太好意思向爱尔兰人介绍我的专业，因为每次他们听说我研究的是古代爱尔兰语文学及法律，都会先确认一下有没有听错，然后掩面：一个外国人，对我们自己的语言和文化了解得比我们还多？我一般会先用解释一番：我作为一个外国人，不远万里来到这个小岛，把爱尔兰民族的伟大复兴事业当作自己的事业，因为我是一个坚定的国际主义者，云云。但我深知，我学到的所有知识，都无法让我真正地具有爱尔兰人与生俱来的那种随和、浪漫、幽默的气质。这种气质是在悠久历史和多舛命运的淘洗中，由形成现代爱尔兰的各个族群凝炼而成的；这种气质没有产生帝国和广厦，却孕育了我眼中欧洲最美丽和深沉的文学传统。

爱尔兰的历史本身就足以成为文学取之不尽的素材。我在羁旅中，更是体会到身边人们的言行、现代社会的脉动乃至野外的一草一木，都浸透了厚重的传统；每一处地名都联系着传奇，每一则谚语都源远流长。从姓氏到踢踏舞，从肯尼迪到贝克特，从基督教文明到新异教运动，爱尔兰人和文化曾经、也正在深刻影响着世界。可惜的是，中国人对爱尔兰的了解依然颇为贫乏。除却几本已过气的简史，市面上关于爱尔兰或“凯尔特”的书刊大都并非基于可靠和全面的材料，而是更多地受制于以讹传讹的现代神话或漫无边际的推测想象。到底什么是“凯尔特”，真正的老爱尔兰是什么情状，我还未曾见过翔实的叙述。虽然北京外国语大学有爱尔兰语专业，对爱尔兰语知之甚少仍使得译著里充斥着荒唐的译名。究其根本，是我们尚未有一双能从爱尔兰真实的历史传统内部观察的眼睛。

我或能做这样一双眼睛。多年浸润在爱尔兰语言、文化和社会中，我不敢说自己对爱尔兰了如指掌，但至少也是深有体会；从一个异乡人的角度看待他们习以为常的生活，又往往有很多好玩的发现。恰好幸蒙师友范晔为我引荐上海三联书店的编辑，于是便有了这本书。初次写书，不免诚惶诚恐，不知能否让普通读者接受。不过写着写着逐渐懂得，最重要的还是我一开始给自己定下的目标：流畅，可靠，明白。

这本书内容始于史前爱尔兰，从五千年前的神秘墓葬讲到游荡在神话片段和萨文前夜的古老诸神；然后揭示早已消失在历史中的凯尔特人怎样重新被语言学家和文学大师发明出来；接着挨个拜访独具个性的圣徒们，顺带看看欧甘石的真相和中世纪光荣而血腥的英雄世界；幽默和美酒是爱尔兰人生活的两大支柱，我们自然不会放过从古到今它们留下的众多笑点；之后我们又回到沉重的现实，展现教会与社会千百年来的纠葛；随后到爱尔兰的广阔绿野和传说天地中寻找淘气的小矮妖和他的金子，由他把我们带入土豆岛的美食殿堂和大饥荒的悲伤回忆。本书还附赠一篇旨在解答来爱尔兰的游客最迫切、最百思不得其解、最容易出岔子的疑问的Q&A，以及教你正确念出那些让人舌头打结的爱尔兰语名字的指南。我希望这本书能对更多的人有用：学生、游客、文艺人士、凯尔特音乐迷、土豆控、中世纪暗黑段子爱好者、好奇路人，等等。最后，真的，一定来这里看看。

胭+砚
project:

图书在版编目（CIP）数据

亲爱的老爱尔兰 / 邱方哲著. -- 上海：东方出版中心，2020.1
（胭砚计划）
ISBN 978-7-5473-1532-3

Ⅰ.①亲… Ⅱ.①邱… Ⅲ.①爱尔兰－历史－通俗读物 Ⅳ.①K562.09

中国版本图书馆CIP数据核字(2019)第189409号

亲爱的老爱尔兰
邱方哲　著

统筹策划　彭毅文
责任编辑　彭毅文
书籍设计　任凌云　沈彩蕊

出版发行：东方出版中心
地　　址：上海市仙霞路 345 号
电　　话：021-62417400
邮政编码：200336
印 刷 者：上海盛通时代印刷有限公司

开　　本：787mmx1092mm　1/32
字　　数：181 千字
印　　张：11.25
版　　次：2020 年 1 月第 1 版
印　　次：2020 年 1 月第 1 次印刷
定　　价：58.00 元

胭+砚
project:

胭砚计划（按出版时间顺序）：

《天命与剑：帝制时代的合法性焦虑》，张明扬著

《送你一颗子弹》，刘瑜著

《暴走军国：近代日本的战争记忆》，沙青青著

《一茶，猫与四季》，小林一茶著

《摩登中华：从帝国到民国》，贾葭著

《说吧，医生 1》，吕洛衿著

《说吧，医生 2》，吕洛衿著

《我爱问连岳 6》，连岳著

《国家根本与皇帝世仆——清代旗人的法律地位》，鹿智钧著

《父母等恩：〈孝慈录〉与明代母服的理念及其实践》，萧琪著

《故事新编》，刘以鬯著

《下周很重要》，连岳著

《亲爱的老爱尔兰》，邱方哲著

《诗人的迟缓》，范晔著

《群山自黄金》，莱奥波尔多·卢贡内斯著

腘+砚
project: